遺言とお墓の新常識とは

・**残される家族に迷惑をかけたくない。**
・**相続で家族にもめてほしくない。**

この本を手に取った皆さまの胸の内には、このような想いがあるのではないでしょうか。

遺言書は、単なる財産分けのための書類ではありません。

・**自分の死後も大切な人が困らずに安心して暮らしてほしい。**
・**身内で財産争いをすることなく仲よく分けてほしい。**
・**お世話になった方に感謝を伝えたい。**

こうした想いを形に変えて相手に伝えるために遺言書はあります。

民法が約40年ぶりに改正されて、遺言書の作成が手軽になりました。さらに、保管方法などにも選択肢が増えました。上手に利用することで、自分の財産の行方を指示するだけでなく、愛情や感謝を伝えられ、家族にも安心をもたらしてくれます。

遺言書の作成が手軽になったとはいえ、法律に則って書く決まりごとがあります。この本では、例をもとに、よい遺言を書くポイントをわかりやすく掲載しています。

また、家族に迷惑をかけないために、お墓のことや葬儀のことを心配している方も少なくないようです。そこで、自分に合った形を考えていただくために、多様化した埋葬や、最近の葬儀の傾向などを探ってみました。

そして、迷惑をかけたくないから…と黙っているのはやめて、こうしてほしいとか、想っていることを、周囲に伝えましょう。もっとわがままを言っていいのです。あなたの人生ですから。話をすることで気づいていなかったお互いの気持ちがわかったり、心配ごとが一つなくなる方法がみつかったりするかもしれません。

これからの人生をよりよく生きるために、財産のこと、お墓のことを考えてみませんか。

相続対策のステップ

Step 1
自分の財産を知る

不動産、預貯金、株式、保険、ローンなどを書き出してみる。

Step 2
誰に何を引き継いでほしいか

家族構成、法定相続人を確認。残すものをリスト化。

Step 3
持ち物を整理する・遺言書を書く

分け方を決めたら遺言の種類を決める。相続税のことも考えて書く。自分の想いを書き残す。不要な物は処分する。

より良く生きることにつながる!

目次

プロが教える!

遺言とお墓のポイント

各分野の専門家たちが
よくある遺言の問題を解説します

〈監修者〉

弁護士

楠部《なんぶ》 亮太《りょうた》

楠部法律事務所 代表弁護士

不動産、事業の承継等、遺言・相続に関する様々な法律相談を手掛ける。

弁護士

中川《なかがわ》 紗希《さき》

abri（アブリ）新宿総合法律事務所 代表

東京弁護士会 遺言・相続部会所属。遺言・相続の相談やトラブル対応まで幅広く対応している。

税理士

平田《ひらた》 久美子《くみこ》

平田久美子税理士事務所 代表

相続税の申告・相談に数多くの実績がある。相続関連の著書も多数執筆。CFP® 1級FP

〈取材協力〉

ファイナンシャルプランナー

畠中《はたなか》 雅子《まさこ》

30年以上多くの相談業務を行っており、家庭向けの的確な生活設計アドバイスが好評。高齢者の問題にも詳しい。

○この本に登場するすべての事例・住所や氏名などはいずれも架空のものであり、実在の人物等とは関係ありません。
○実際の相続等の案件については、法務局・税務署、弁護士・税理士・FP等の専門家にご確認ください。

法定相続分が公平とはいえない？

仲よし家族でも相続となると話は別!?

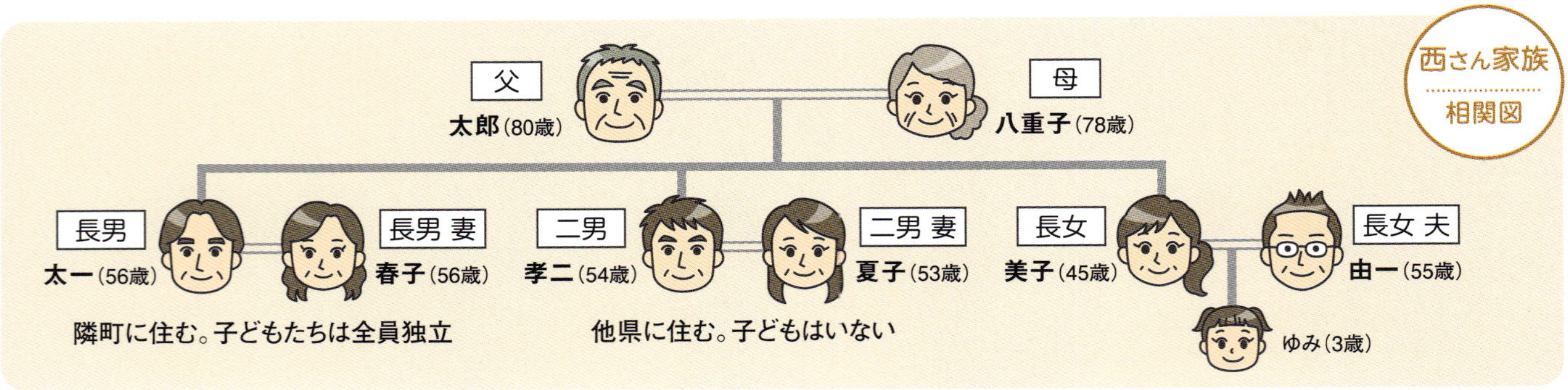
西さん家族
相関図
父
太郎（80歳）
母
八重子（78歳）
長男
太一（56歳）
長男 妻
春子（56歳）
隣町に住む。子どもたちは全員独立
二男
孝二（54歳）
二男 妻
夏子（53歳）
他県に住む。子どもはいない
長女
美子（45歳）
長女 夫
由一（55歳）
ゆみ（3歳）

お盆に実家に集まった一同
ワイ
ワイ
ガヤ
ガヤ
お隣の高尾さん、おじいちゃんが亡くなったあと、相続でもめたそうなの
高尾さんちは後妻さんだったからなぁ
うちはこうやって頻繁に集まっているから、相続でもめたりしないよ
おぉ、ありがとう
そうだね もめるのは疎遠にしてるからだよね
もめごとはいやよ～
だからね、わたしシルバー大学で勉強したのよ!
「法定相続分」というものがあってそれで分ければいいらしいの!
お母さんピザ届いたわよ

法定相続分

相続人が配偶者と子３人の場合

- 配偶者 $\frac{1}{2}$
- 子 $\frac{1}{2}\times\frac{1}{3}=\frac{1}{6}$ ずつ

子 1/6
子 1/6
子 1/6
配偶者 1/2
まぁおいしそう!

いやいや母さん、これはあくまで目安だよ

法定相続人とは

法律で定められた相続人のこと。被相続人（亡くなった方）の配偶者は常に相続人。被相続人に子がある場合には配偶者と子が相続人となる。（➡P6）

法定相続分とは

法律で決められた相続人の取り分のこと。遺言や遺族の話し合いで変更することが可能。（➡P6）

そうだよ。みんながケンカせずに、喜んで受け取ってもらえるようにしたいね
さっそくピザをもらうね
待て、太一ピザ2枚持っていったのか?

当たり前だろ
長男として家のことも父さん母さんのことも俺たちが面倒をみてきただろう?
その分多めにもらわないとね
うんうん
兄さん、家を建てるとき父さんからたくさん援助してもらったよね?
そのお金は差し引いて考えないといけないよ
うちは子どもが小さいしまだまだお金がかかるのよねー
ゆみも食べるー♪
実情に合わせて…ねぇ?
ピザがあっという間になくなっちゃった…
私も食べたかったわ…
カラッ
はっ!!
そうか…
仲が良い家族といってもそれぞれ家庭で異なる事情があれば、人によって「公平」の感じ方が違うのは当たり前だよな
子どもたちのことも考えないといけないが、とにかく私が死んだあと
母さんが困らないようにしなければ!!
そのために私ができることは…
ピンポーン
ご近所の
弁護士　中川先生
ごめんくださーい
回覧板を…
先生、いいところに!
今、相続の話をしていたんですよ
なるほど
法定相続分で均等に分けたとしても、全員が公平に感じるわけではないんですよね
公平に分けるっていうのは難しいものですね…
ビシッ!
お父さんの想いを実現させるために、遺言を書きましょう!
何もないと、それぞれの思惑が違うため、もめごとに発展しかねません
遺言書は難しく感じますが、簡単に書けますよ!

この本を読むための

遺言や相続の基礎的知識

遺言や相続のことについて考えるときに、はじめに、知っておいていただきたいことをお伝えします。

法定相続人《ほうていそうぞくにん》と法定相続分《ほうていそうぞくぶん》って何？

この本に、「法定相続人」と「法定相続分」という言葉が何度も出てきます。財産分けを考えるときに、避けては通れない、大事な法律上の決まり事です。

法定相続人と相続順位

亡くなった方（被相続人《ひそうぞくにん》）の財産を受け取る相続人は法律で定められていて、法定相続人と呼ばれます。配偶者は必ず法定相続人になります。次が子どもで、法的な夫婦間に生まれた嫡出子も、そうではない非嫡出子も養子も相続権を持ちます。
（P75にも記載してあります。）

※直系尊属：父母や祖父母など
　直系卑属：子や孫など

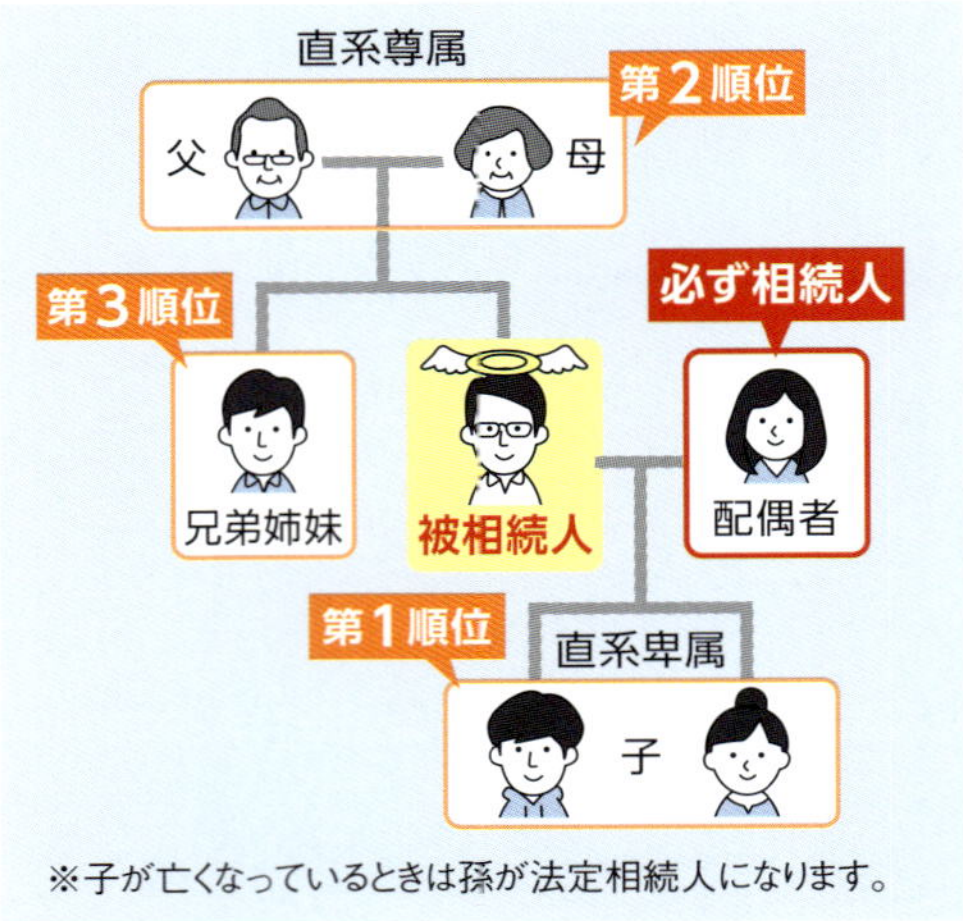

※子が亡くなっているときは孫が法定相続人になります。

法定相続分

亡くなった方に配偶者がいるか、子どもがいるか、などで決められています。
（P78にも記載してあります。）

法定相続人	配偶者と子（直系卑属《ちょっけいひぞく》）の場合	配偶者と親（直系尊属《ちょっけいそんぞく》）の場合	配偶者と兄弟姉妹の場合
法定相続分	配偶者 2分の1　子 2分の1	配偶者 3分の2　親 3分の1	配偶者 4分の3　兄弟姉妹 4分の1

※子などが複数いる場合は、法定相続分を頭割りします。たとえば、夫が亡くなった場合で、妻と子3人がいる場合の法定相続分は、妻2分の1、子は2分の1×3分の1でそれぞれ6分の1となります。

法定相続分と遺言の関係

法定相続分は決められているとお話しましたが、これは法律上の1つの目安です。相続財産は、必ず法定相続分に従って分けなければならないということはありません。遺言があれば、法定相続分と異なる割合で遺贈（遺言により財産を与えること）が可能です。もしくは、法定相続人の間で話し合いがついた場合も、法定相続分とは異なる分け方をすることが可能です。

遺言《いごん》には種類があるの？

遺言は、通常、一般の皆さまは「ゆいごん」と呼ぶと思いますが、法律上は「いごん」と呼びます。遺言は亡くなった方が想いを残すことで、それを書面にしたものが「遺言書」です。亡くなった方の遺志に基づいて財産を分けたり、葬儀や埋葬を執り行ったりするときに遺言の内容を優先します。

民法で認められている遺言の種類は「自筆証書遺言」「公正証書遺言」「秘密証書遺言」の3つです。なお、民法が改正されたことで、自筆証書遺言の作成が手軽になりました。この本では、自分で書くことを想定して、これの書き方を紹介しています。

どの方法で作成するかは自分で選ぶことができます。自分で書くのが不安と感じたら、相続の専門家である弁護士などに相談してみるとよいでしょう。敷居が高いかもしれませんが、案外気軽に相談にのってもらえます。

遺言書の種類

	自筆証書遺言	公正証書遺言	秘密証書遺言
作成方法	本人が本文・日付・氏名を自書	本人が口述し、公証人が記述する	本人が署名・押印した遺言書を封印し、公証役場で証明を受ける
署名・押印	本人のみ	本人・証人・公証人	本人・証人・公証人
証人	不要	2名以上	2名以上
保管	本人または法務局※（または遺言執行者・受遺者等）	原本は公証役場、正本・謄本は本人（または遺言執行者・受遺者等）	本人（または遺言執行者・受遺者等）
検認の要否	必要※	不要	必要
遺言の存在	秘密にできる	証人・公証人には秘密にできない	証人・公証人には秘密にできない
遺言の内容	秘密にできる	証人・公証人には秘密にできない	秘密にできる
滅失の危険性	ある	ない	ある
改ざんの危険性	ある	ない	ほとんどない
無効になる危険性	ある	低い	ある
費用	かからない	公証役場16,000円～（相続財産額による）＋証人依頼費用	公証役場11,000円＋証人依頼費用

※法務局に預かってもらうこともできるようになりました（2020年7月10日施行）。その場合は検認が不要。

相続税の計算

相続税は日本では財産をもらった人が払います。遺産の総額から非課税となる財産（一定額までの生命保険金など）や、基礎控除とよばれる相続税の控除分をマイナスして、残った額にかかった税金を、実際にもらった財産の額の割合で分けて納めます。

財産を引き継ぐ人にかかってくる税金について考えておくことは、遺言を書く時にとても大事です。子どもが不動産を引き継いだけれど納税する多額の現金がないようなことがあっては、困ってしまうからです。

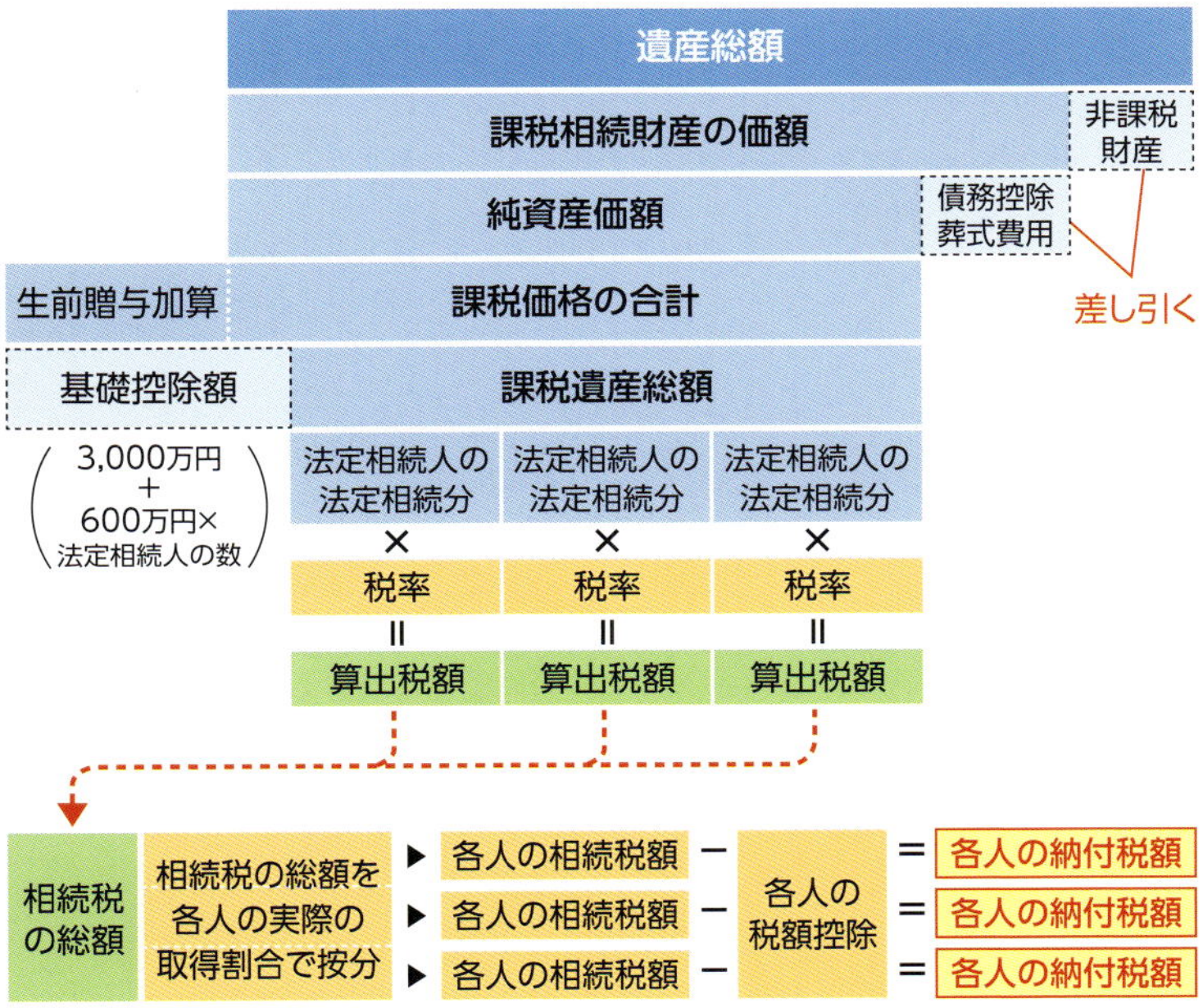

※詳しい計算の仕方はP92で解説します。

税金には様々な特例がある

遺言を書く時に、税金（相続税）のことも知っておくとよいでしょう。たとえば、「小規模宅地等の特例」という税制の特例は、亡くなった方がその土地を自宅として住んでいた場合に、そこに引き続き同居していた相続人が住むなら、土地（330㎡まで）の評価額を80％減額してあげましょう、などという制度です。評価額が低くなれば、税額が少なくてすみます。

しかし、この特例は、亡くなってから10ヶ月以内に相続税の申告をして、「特例を受けます」ということを税務署に届け出る手続きをしなくては受けられません。

10ヶ月という期間は案外短いといえます。遺産分割でもめていると、あっという間に期限がきてしまうものです（➡P90～）。

親族間でもめないように去り行く人が自分の考えを表明しておくことは、節税対策としても有効なのです。

自宅が都市部にあり不動産の価値が上がっている方や、先代から受け継いだ財産があるなどの方は、次の世代の方が損をしない遺言を残しましょう。税理士に相談をすれば、税額の試算もしてくれますし、有効な対策を一緒に考えてくれます。

解説

夫が亡くなった後の妻の生活を守るには

Ｐ４のマンガに登場した西太郎さん（80歳）は、自分が亡くなった後のことが心配になりました。家族がもめない遺言を残すために、太郎さんが最初に実行したこととは？

母さんを守るにはどうすればいいのだろう…

西家の財産

家と土地
約2,000万円

預金
約2,000万円

合計　約4,000万円

相続税の基礎控除額※

3,000万円 ＋ 600万円 × 法定相続人の数

相続税の課税価額が基礎控除額以下なら相続税はかかりません。

※相続税の計算上、必ず受けられる控除のこと。西太郎さんが亡くなった場合は、妻・長男・二男・長女の4人：3,000万円＋600万円×4人＝ 5,400万円 となる。

それぞれが欲しいもの知ることがスタート

財産は、大きいが古びた家と土地で約2000万円、預金合計額約2000万円という西太郎さん。**相続税の基礎控除額**（5400万円※）内に収まる範囲です。太郎さんは、相続でもめるなんてありえない、と思っていました。

ところが、子どもたちが考える「公平」は一人ひとり異なり、それぞれが主張するとぶつかります。しかも、子どもたちの願いをすべて聞き入れると、妻の八重子さんの取り分が減り、一人になった後の生活費の確保さえもままならなくなることに……。とはいえ、自分一人の独断で財産の分け方を決めるのも強引です。

「ここはひとつ、家族全員で腹を割って話してみようか」

太郎さんの提案に最初に反応したのは長男の太一さん。

「父さんたちが弱ったら長男の俺が引き取るだろ。その時は、この家を処分した代金を面倒賃として俺に渡してくれよな」

「そうそう、お義父さん、お義母さんの面倒をみるんだから、ほかの兄弟とは差をつけてもらわないとね」と長男の妻の春子さん。

「ちょっと待ってよ、兄さん、義姉さん。兄さんたちは家を建てるとき父さんからたくさん資金をもらったのを覚えているよ。その分を差し引いてもらわないとね。うちも今は貸家だけど、そろそろ家を持とうと思っているところなんだ」と二男の孝二さん。

長男

さらには妹の美子さんも子どもが小さくお金が必要だと主張します。「話し合いをしよう、なんて言わなければよかったな」と後悔する太郎さんの本音を察したのは二男の孝二さん。しばらく考えたあと、平和解決へのアイデアが浮かんだようです。

「なにも、親の世話をするのは長男と決まってるわけじゃないよね。だったら、俺ら夫婦が父さんの家で同居すればうまくいくんじゃない?」

二男は家。長男と長女はお金。それぞれ欲しいものを引き継げばよいというのです。孝二さんがこうした提案をしたのは、もう一つわけがあります。というのは、孝二さんの妻、夏子さんと八重子さんには共通の趣味があって、「お義母さんとなら一緒に暮らしてもいいわ」と話していたからです。八重子さんも住み慣れた家や友達と離れたくないでしょう。

孝二さんの提案で、さっきまで神妙な面持ちだった八重子さんの顔が明るくなりました。

「みんなの気持ちはわかった」

太郎さんは一人ひとりの顔を確認して遺言書の内容を決めました。

妻の住居と生活費を確保するテクニック

父、太郎さんが遺言書を書くうえで最優先したのは、妻の八重子さんの住む場所と生活費の確保です。残された妻が生活に困らないようにするためのテクニックとして「**配偶者居住権の設定**」があります。これは、同居している妻(この場合の八重子さん)が自宅(相続の時に住んでいる家)に一生住み続けられる権利です。今回の民法改正で新たに創設されたものです。(2020年4月1日施行)

配偶者居住権を設定すると、八重子さんはどのようなメリットが得られるのでしょうか。

遺産分割では、妻は今住んでいる住居に引き続き住むために、家と土地をまるごと相続するケースが多くあります。その場合、たとえば法定相続分で相続財産を分けようとすると、受け取れる財産のほとんどが高額な不動産になってしまい、預金などの財産は他の相続人が相続することになります。結果、妻は現金(生活資金)が十分とれないといったことがありました。しかし、配偶者居住権は不動産よりも価格が低いので、その分、生活資金を多く相続することができ、家に住むことも確保できます。

同居した息子が母親を追い出すようなことは考えにくいですが、権利として明らかになれば、肩身の狭い思いをすることなく、八重子さんも安心して暮らせるでしょう。

配偶者居住権は、このケースのような場合を想定して新設された権利です。遺言の選択肢が増えました。ただし、所有権のような完全な権利ではありませんし、自宅が何らかの理由で滅失した場合には権利がなくなるなど、デメリットもあります。

自宅の価値や財産の内容をしっかり確認し、また、他の方法(所有権を得るなど)も十分検討して、決めるようにしましょう。

ここで、西さんの例をとり、遺言書の書き方の基本を学びましょう。

西太郎さんが書いた遺言書

遺言書

本文は必ず手書きします。
別紙はワープロでも可。

遺言書

一、私が持っている別紙1の不動産についての配偶者居住権を
妻八重子（昭和16年2月2日生）に取得させる。

二、私が持っている別紙1の不動産について
二男孝二（昭和40年4月10日生）に相続させる。

三、私が持っている別紙2の預金について、次のとおり各相続人の相続分を指定する。
長男　太一（昭和38年4月4日生）　2分の1
長女　美子（昭和49年6月6日生）　2分の1

四、私が持っている別紙3の預金、ならびに前項までに掲げた以外の一切の財産を
妻八重子に相続させる。

民法改正で手軽に

別紙1
民法改正により不動産の詳細は不動産の全部事項証明書（登記簿謄本）のコピーやワープロ書きの目録添付でOKになった。コピーやワープロ等で作成したら必ず署名・押印を。

別紙2 別紙3
民法改正で通帳のコピーを添付（手書きでなくてもOK）でよくなった。表紙、表紙の裏側の面、残高面をコピーする。または、ワープロ等で作成した口座の目録でもよい。署名・押印する。

（生年月日）
本人を特定させるために生年月日を入れます。

民法改正で選択肢が増えた

配偶者居住権（2020年4月1日に施行）

自分の死後も大切な人が困らないように暮らす場所を確保したい。

配偶者居住権は「住む家」「生活費」の安心

①妻は一生、今の家に住み続けられます。

②家を相続するよりも価格が低いので、その分、預金など、生活費にあてるお金を多く相続しやすくなります。（➡P9）

お母さんが困ったときは、～手助けをしてほしい

大切な人を守るため子どもたちに願いを託します。

【付言事項】

遺言書は財産の分け方だけでなく、残された人へメッセージを伝えることもできます。

20XX年7月1日

日付は忘れずに。
ないと無効になります。
西暦でも和暦でもかまいません。

西太郎　印

自筆で署名し押印します。
どちらもないと無効になります。

封筒に入れて封印し（改ざんされることを防ぐ）、検認の請求について記載しておくとよい（➡P86）。

ありがとう

感謝の気持ちを伝えたい。

【付言事項】

八重子へ

幼い頃の私は決して楽ではない日々を過ごしました。けれども、東京に出て八重子に出会い本当に良かった。どんなときも八重子は私のことを気にかけ支えてくれました。

私が幸せな人生を送ることができたのは八重子のおかげです。ありがとう。

太一、孝二、美子へ

私は子ども三人を授かり、私の人生は彩鮮やかなものになりました。

財産は兄弟三人が同等になるように分けました。残りはお母さんに。

少しだけお母さんの取り分が多くなるけれどそれは許してほしい。

そして、最後に二つお願いがあります。

一つは、私があなたたちをとても大切に想っていたこと、どうか覚えていてください。

もう一つは、お母さんが困ったときは、三人で力を合わせてお母さんの手助けをしてほしい。

八重子、太一、孝二、美子

素晴らしい人生をありがとう。

20XX年7月1日

神奈川県相模湖市青坂東1-8

西　太郎　（西）

（西）

この遺言書は裁判所の検認を経てから開封して下さい。

20XX年7月1日

西　太郎

※別紙は省略。

母の気持ちを子は知らず？

子に等分に分けたつもりなのに争いが起きた!?

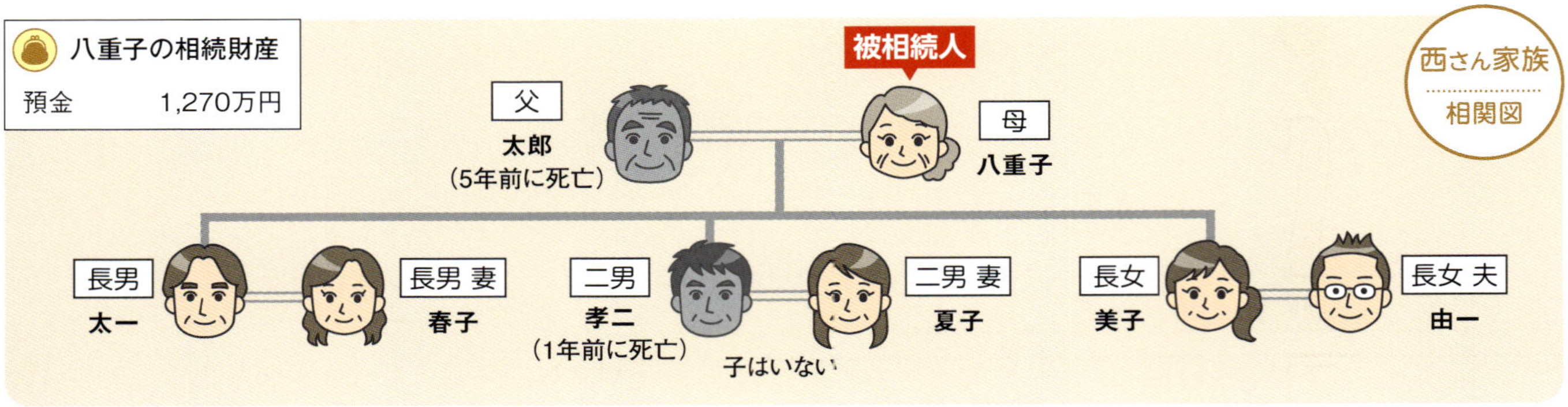

お母さんのエンディングノートが！
エンディングノート
Ending Note
西 八重子
相続のページがあるわ
相続について
同居してお世話をしてくれた夏子さんにお礼がしたいので、A銀行の預金を夏子さんに。太一にはB銀行の預金を、美子にはC銀行の預金をそれぞれ相続してください。
残高を見てみると…
A銀行
400万円
B銀行
460万円
C銀行
410万円
A銀行は400万円、B銀行は460万円、C銀行は410万円だね
お兄さん、ずるい！私よりも50万円も多くもらえるじゃない！
何を言っているんだ何もせずに410万円もらえるんだいいじゃないか？
ぐっ…
でも…なにか損した気分でもやもやするわ…
……
ハラハラ
後日――
太一さんは弁護士の楠部先生のところへ相談に行きました
法律事務所
…というわけで妹が争う姿勢を見せているんですよ
たった50万円の差なのに…
そうなんですね
ほかの人と比べて自分の額が少ないことが、
相続争いのきっかけになることもあるんですよ
弁護士
楠部先生
母は平等に分けたつもりだと思うのですが、結果的に差が出てしまいました
そうですねお母様の気持ちを大切にしたいですね
ところで、
このエンディングノートは遺言書としての法的効力はありませんよ
エンディングノート
Ending Note
西 八重子
なに!?

解説

家族が争わずに遺産分割するには

父の死後、間を開けずに二男が亡くなり、母の八重子も亡くなったことで、雲行きが怪しくなった西家。一難去ってまた一難。一家はどのようにしてこれを乗り越えるのでしょうか。

法定相続人と法定相続分

八重子の相続財産
預金合計　1,270万円

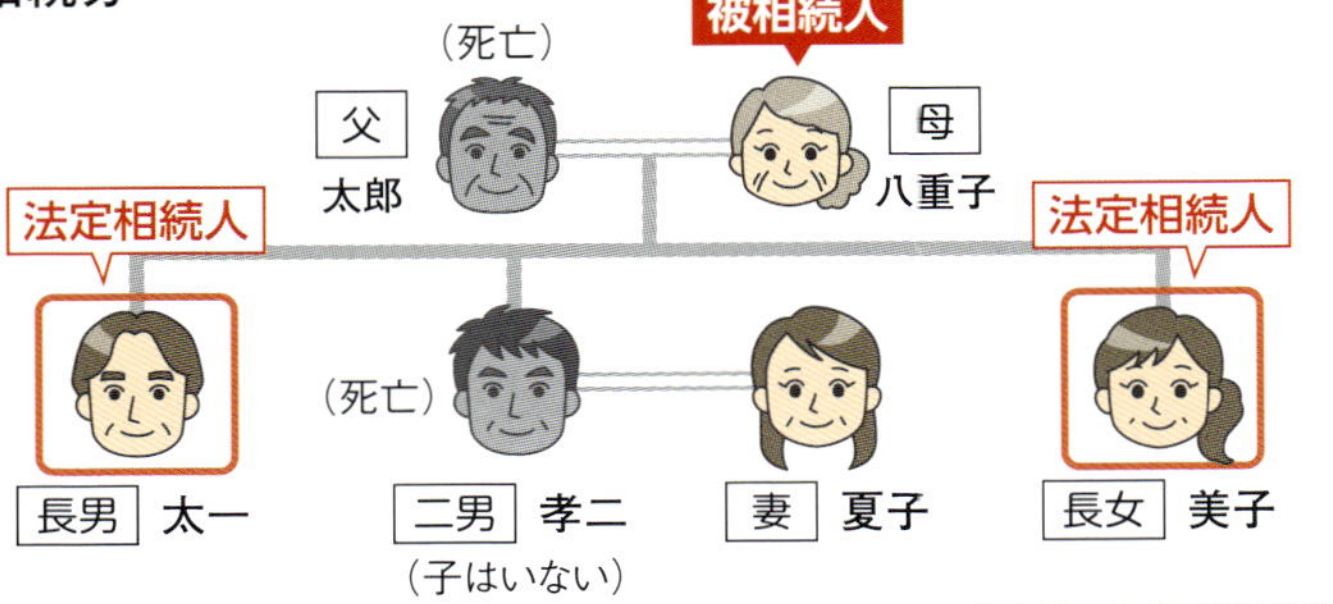

	長男 太一	二男 孝二	妻 夏子	長女 美子
法定相続分	2分の1 （635万円）	－	0	2分の1 （635万円）

母が亡くなった…西家その後のストーリー

西家のお父さんは遺言書を残したのでスムーズに遺産分割が進みました。ところが、母・八重子さんが亡くなると騒動が持ち上がりました。死後、俳句の会のお友達の連絡先や自分の想いを、八重子さんが書き記したエンディングノートが出てきました。それによると、先に亡くなった二男の妻夏子さんにはA銀行、長男太一さんにはB銀行、一人娘の美子さんにはC銀行の預金を相続してほしいと書かれていました。

夏子さんは法定相続人ではないので、遺産をもらう権利はないと兄妹は思っていました。しかし、同居していて母の面倒を見てくれていたので、分けてあげるのはしかたないとしぶしぶ納得することにしました。しかし、それでもやはり面白くないのは美子さん。母がこのエンディングノートを書いたときはそれぞれ同じ額だったのですが、その後入出金などによって、長男の太一さんの取り分が50万円も多くなっていたのです。

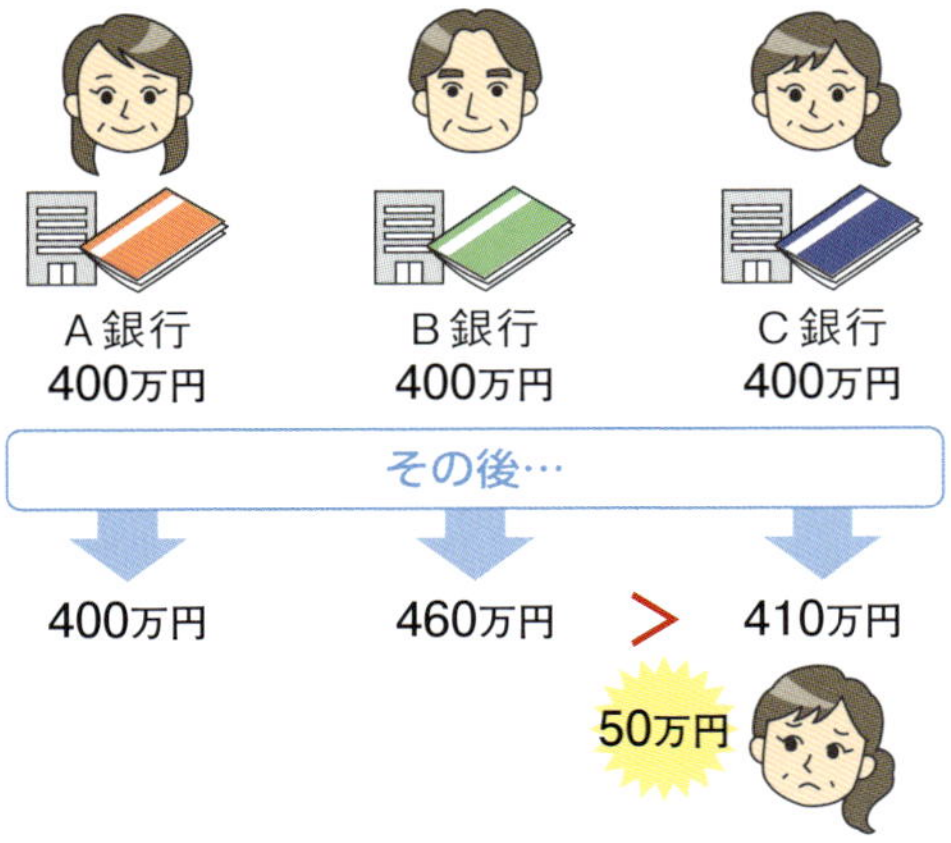

遺産分割でもめるのは、金額の多寡だけではありません。ほかの人と自分に差があると感じることで不満が芽生えることがよくあります。たとえ1万円でも、相対的に自分のほうが低いとすっきりしないものです。

西家の遺言には、預金残高が変わることを考え、遺言書では、「3分の1ずつ、均等に分ける」といった書き方もできます。

エンディングノート法的拘束力がないことに気付く

美子さんは「このエンディングノート、遺言書とは認められないのよ。このエンディングノートはなかったことにして、お兄さんと私で話し合いましょう」と言ってきました。

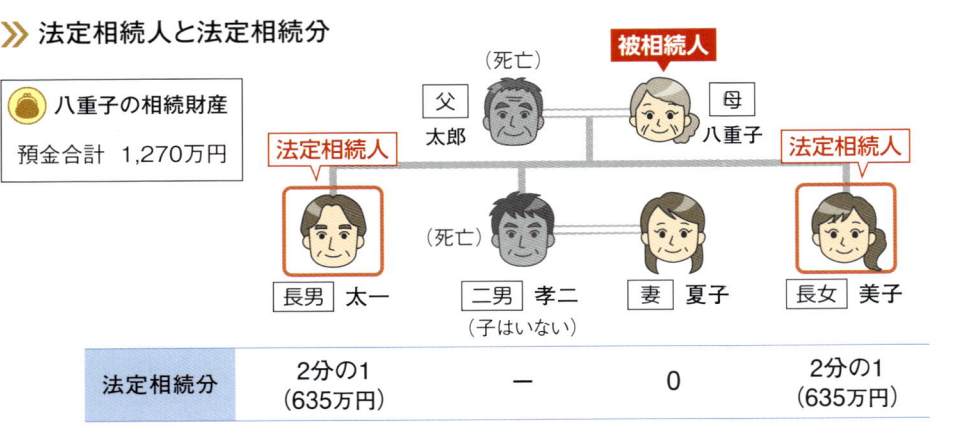

遺言書がないときは、遺産分割協議書といって、だれがどの財産を引き継ぐかを明らかにする書面を作成します。この書面がないと、財産を相続しても、名義変更ができないといった、支障が生じる可能性があります。

法律上、遺言書にあたらないエンディングノートしかない場合は、遺産分割協議書を作成しなければなりません。そして、遺産分割協議は必ず相続人全員で行い、最終的には名義変更などの手続きのため、全員が合意した証として、実印による捺印が必要になります。

西家の場合、法定相続人（⬇P6）は長男太一さんと長女美子さんの二人。法定相続人には二男の妻（夏子さん）は含まれません。太一さんと美子さんが財産の分け方を決め、二人の実印があれば、そのとおりに遺産分割が行われます。

となると、エンディングノートを残した母八重子さんの想いは叶わないことになります。楠部先生は、もう一度三人で話し合いましょう、と提案しました。

》遺言書がある／なし、エンディングノート、手続きの違い

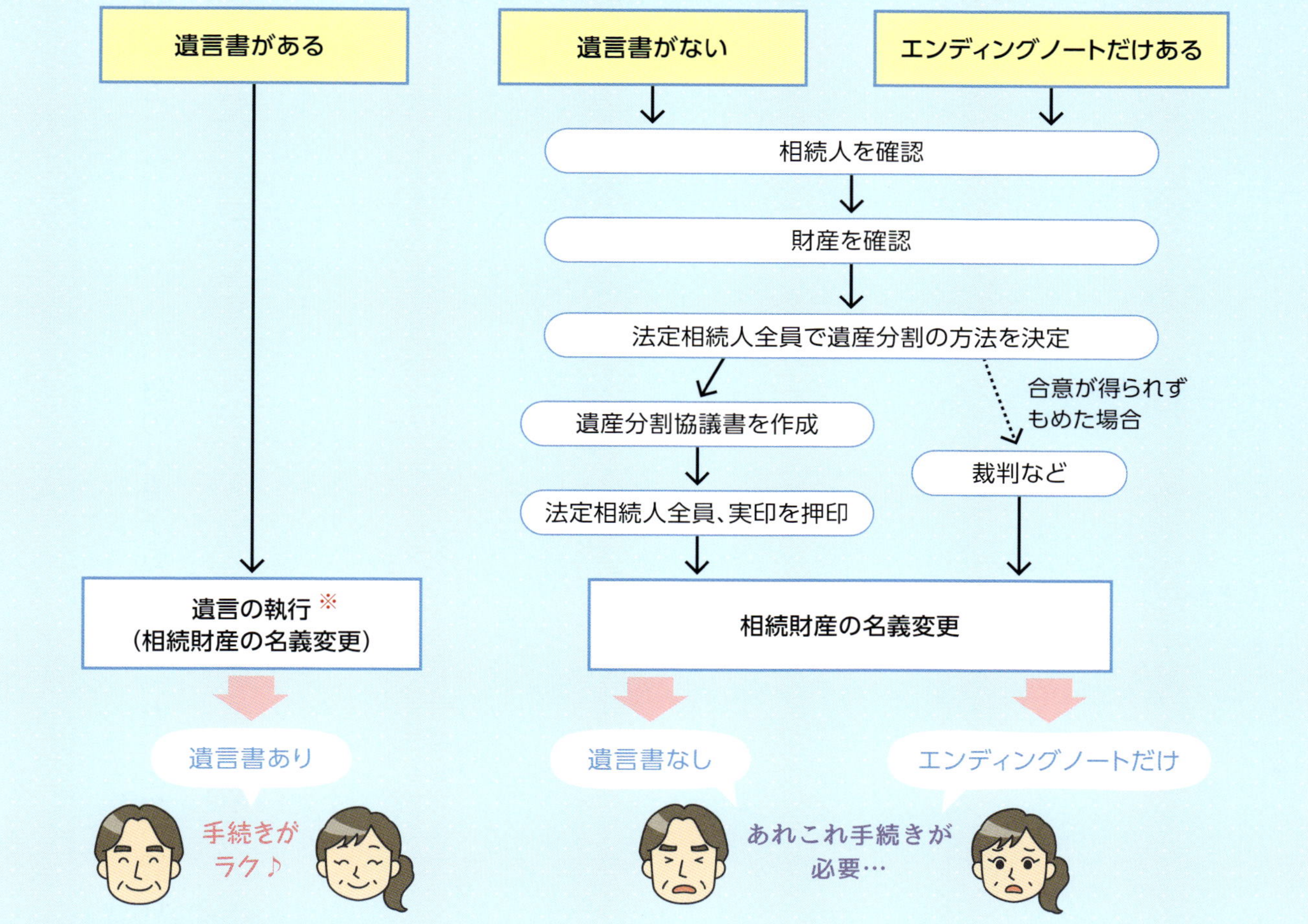

※検認が必要になる場合もあります。➡検認とは（P21）

弁護士よりひとこと

なかったことに…と隠したら？

法律では、遺言書を破棄、偽造、変造、または隠匿した者を、相続人の欠格事由としています。つまり、遺言書を捨てたり、隠したりした人は、財産を相続できなくなります。しかし、法律上の遺言書にあたらないエンディングノートを破棄しても、良し悪しは別として、遺言書の規定は該当しません。

最期まで寄り添ってくれた人に残したいときは

二男の妻・夏子さんは介護の重労働にも耐え、懸命に八重子さんの世話をしました。加えて、病院の送り迎えやガソリン代はもとより、食事の材料、そのほかにもお金を負担しました。ただ、夏子さんは法定相続人ではないので法定相続分で遺産分割すると、財産を1円ももらえません。これでは、あんまりです。そこで、法律が改正され、夏子さんのように、故人の介護療養をした親族は、相続人から「特別寄与料」をもらう権利が認められるようになりました（⬇詳細はP17）。

相続は、遺言書がなくても、話し合いによって遺産分割協議ができればすみます。しかし、こういった場合にもめごとが起こりやすくなってしまうのです。

遺言書を残しておけばよかった

八重子さんは、三人に等しく

》円満な相続の遺言書例

こうすればよかった！

遺　言　書

1. 私が持っている別紙1ないし3の預金について、次の割合で長男太一及び長女美子に相続させ、ならびに亡二男孝二の妻・西夏子に遺贈する。

長男　太一（昭和38年4月4日生）　3分の1
長女　美子（昭和49年6月6日生）　3分の1
亡二男孝二の妻　西 夏子（昭和41年6月15日生）　3分の1

2. 上記以外の一切の財産を、亡二男孝二の妻・西夏子に遺贈する。

【付言事項】
太一、美子へ、夏子さんへ
　太一、美子、夏子さん、みんな私にとって大切な家族です。ですので、上記のように財産は等分にしました。夏子さんにおいては、5年もの間、私と同居して身の回りの世話をしてくれました。
　また、以前同居している家を建て直す際に、そのリフォーム代を全額二男夫婦が出してくれました。私が何よりうれしかったのは、孝二が亡くなった後も夏子さんは変わらず私に優しく接してくれたばかりか、病院への送り迎えの費用など、かかったお金は夏子さんが出してくれました。
　私は夏子さんに心から感謝しています。そして、感謝の印として、上記のとおり遺言を残すことにしました。不満はあるかもしれませんが、どうか私の意をくみとってください。

20XX年X月X日

神奈川県相模湖市青坂東1-8
西　八重子（西）

遺言書
タテ書きでもヨコ書きでもOKです。

別紙1ないし3
通帳のコピー（表紙、表紙の裏側の面、残高面のコピー）を添付。通帳が3つあるので「1ないし3」とした。

遺贈
夏子さんは親族だが、法定相続人ではないので「遺贈」と書きます。

西夏子
遺言書を残すことで、法定相続人以外の人（夏子さん）に遺産を贈ることができます。

以外の一切の財産
家財道具などを指します。

【付言事項】
遺言書には「法定遺言事項」「付言事項」の2つがあります。
法定遺言事項…財産の分割など、法律に定められた事項。
付言事項…法的効力がないもの。感謝の気持ちや遺言を書くに至った経緯などは付言事項として書きます。

感謝しています
夏子さんへの感謝の気持ちを言葉で伝えることができます。

財産を残したかったのです。そして、言葉にできなかったお礼の気持ち、家族で仲良くしてほしいという願いを残しておきたかったのです。これらを叶えるために、右下のような遺言書を残しておけばよかったのです。

遺言書で得る生きている間の安心

夏子さんは純粋に八重子さんのことを大切に想い、無償で介護をする心づもりでいましたが、すべての人がそうだとは限りません。

遺言書は、介護と引き換えに財産を渡す「約束の書」としても活用できますので**老後の安心につながります**。また、遺産を受け取る側にとっては、遺言書で財産を受け取ることが確実になるので、安心です。

介護をした人の献身が報われるように

法律では、老後の介護や事業を支えた人は、遺言書がなくても、特別の寄与《きよ》があったとして相続人から特別寄与料として一定の金銭をもらうことを主張することができます。頻繁に世話をした人とそうでない人が同じ額だと不公平だからです。

ただし、これまでの法律では、子の妻（法定相続人ではない）は請求できませんでした。が、今回の改正で、夏子さんのような親族ならば寄与分の請求ができるようになりました（2019年7月1日施行）。

特別寄与料はいくらが妥当か、その評価は難しいです。また、使ったお金や労力を記録し、正確に集計するのは大変な作業になります。**遺言書で金額を決めておくほうがスムーズです。**

特別寄与者（もらえる人）の条件

- ☑ 被相続人に対して無償で療養看護その他の労務の提供をした
- ☑ それをしたことにより、被相続人の財産の維持または増加について特別の寄与をした人
- ☑ 被相続人の親族であること（6親等内の血族と3親等内の姻族のこと）

弁護士よりひとこと

たとえば、長男が母八重子さんにかわいがられていたと自負していると、夏子さんへの遺贈について、真意が伝わらない可能性があります。

付言事項で遺言を作成するに至った趣旨などを説明しましょう。

税理士よりひとこと

たとえば、夏子さんが相続人（この場合は長男の太一さん）に特別寄与料を請求し、受け取った場合、相続税の支払いが生じることも。

その場合、支払った相続人（太一さん）の相続税の額も変わります。

願いをかなえる遺言書1
[財産・家族]

File No. 01

遺言はいらないと思っていた

父・一郎の相続財産		
マンション		約1,000万円
預金	A銀行	約300万円
	B銀行	約200万円
合計		約1,500万円

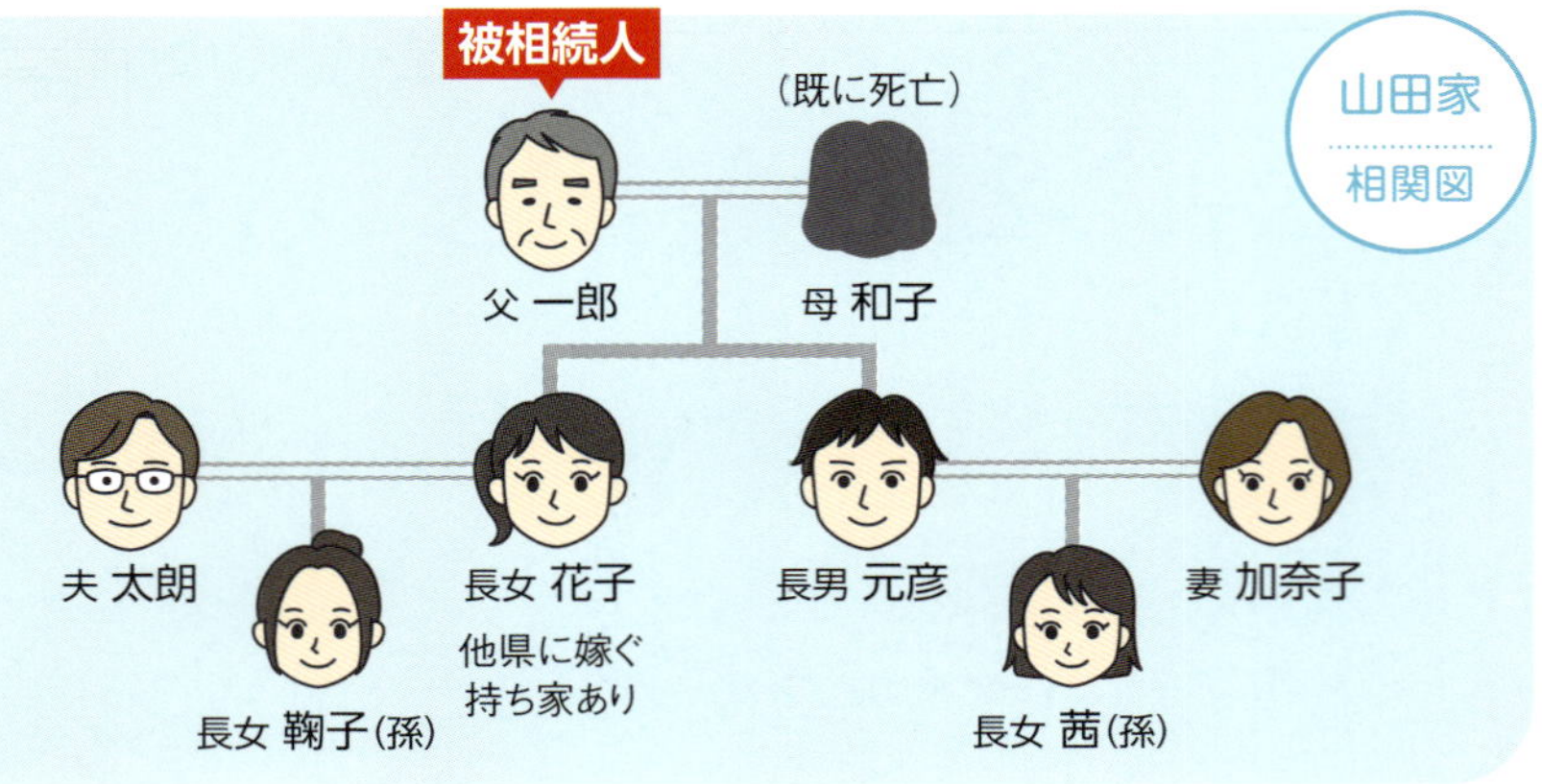

少額でももめてしまった山田家のストーリー

父、一郎はがんを患い、病状が急速に悪化し亡くなってしまった。遺言書はない。遺産相続にあたり、長男の元彦一家は賃貸暮らしなので、一郎のマンションに引っ越すことを決める。「それにしても古いな。リフォームが必要だ。代金は親父の預金ですべてまかなおう」と元彦。長女の花子に相談することはなかった。

娘の花子は他県に住まいがあり、一郎のことは弟の元彦一家に任せきりだった。「義姉さんは何もしなかった。義姉さんに財産は渡さない」という元彦の妻加奈子の視線がある。納得いかない花子。あたりに重苦しい雰囲気が漂う四十九日の法要になってしまった…。

亡くなった一郎はどうしてほしかったのか

一郎さんの遺産は約1500万円。少額だからもめないだろうと思っていました。ただ、一郎さんは長男の元彦さん一家には、入院中、こう言っていました。

「私はね、なにより、週末、孫の茜がやもめ暮らしの家によく遊びに来てくれたのがうれしかったんだ」

一郎さんは自分の亡き後、このマンションに元彦さん一家の三人が暮らしてくれたら、それはよいことだと思っていました。

とはいえ、一郎さんにとって花子さんも可愛い娘。

「花子にも財産を少し分けてあげたい。それから、孫の鞠子は来年成人式、晴れ着は私が用意したい」

晴れ着の用意は亡き妻和子さんの願いでもありました。晴れ着代と合わせて300万円くらいは花子に渡したい、というのが一郎さんの願いでした。

遺留分のことも考えて遺言書を作る

遺言書がなかったばかりに、一郎さんの想いはかなわず、子どもたちにいやな想いが残ってしまいました。

一郎さんが亡くなる前に、下のような遺言書を書いていたら、このような想いを子どもたちにさせずにすみました。花子さんに晴れ着代などを残したければ、具体的に「300万円を…」と書くよりも、預金口座の全額を花子に渡す、としておいたほうがスムーズです。300万円程度ある預金は、相続の時点で残高が変わってしまいトラブルになり得るからです。

また、花子（子）さんは、**遺留分**（P77・89）といって、最低限もらえる相続額が法律で決まっています。遺留分に足りない金額を弟に請求することも法律上は可能です。ですが、そんなもめごとは一郎さんは望まないはずです。この場合、花子さんの遺留分は相続財産の2分の1の2分の1で375万円になりますので、375万円を別の口座にあらかじめ移しておくとよいでしょう。

遺言書

1. 私が持っているA銀行の預金を
長女花子（昭和35年7月1日生）に相続させる。

2. 私が持っている神奈川県鎌倉市坂ノ上2-8-1 203号のマンションを長男元彦（昭和37年8月1日生）に相続させる。

3. 私が持っているB銀行の預金を
長男元彦（昭和37年8月1日生）に相続させる。

令和X年9月1日

神奈川県鎌倉市坂ノ上2-8-1
山田　一郎　（山田）

遺言書
遺言書本文はすべて手書きしなくてはなりません。
タテ書きでもヨコ書きでもOK。

弁護士よりひとこと

遺言書がないときは、相続人全員で話し合って、遺産分割協議書を作成しなければ遺産相続はできません。故人の預金口座も凍結され引き出しができなくなります。

しかし、当座にお金が必要になることがあるので、法律が改正され引き出しができるようになりました（2019年7月1日施行）。相続人が単独で引き出せる額は、（相続開始時の預貯金債権の額）×3分の1×引き出す相続人の法定相続分。ただし、1つの金融機関から受けられるのは150万円までです。

法定相続分で分けるとしたら？

一郎さんの遺産を法定相続分で分けるとしたら、姉弟《きょうだい》2人で等分することになります。

相続財産の総額は1,500万円なので、半々となると花子さんが750万円、元彦さんが750万円となります。

元彦さんがマンションだけ相続した場合、マンションの価額は1,000万円ですので750万円との差額、250万円は元彦さんの持っている預金から花子さんに渡すのが「法定相続分どおりに分ける」ということです。

遺産価額別の遺産分割事件数

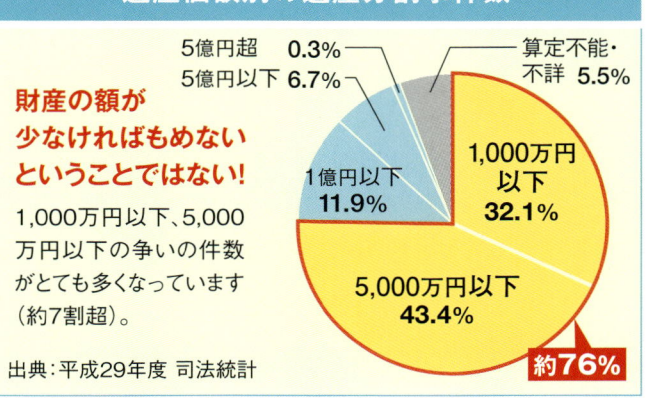

財産の額が少なければもめないということではない!

1,000万円以下、5,000万円以下の争いの件数がとても多くなっています（約7割超）。

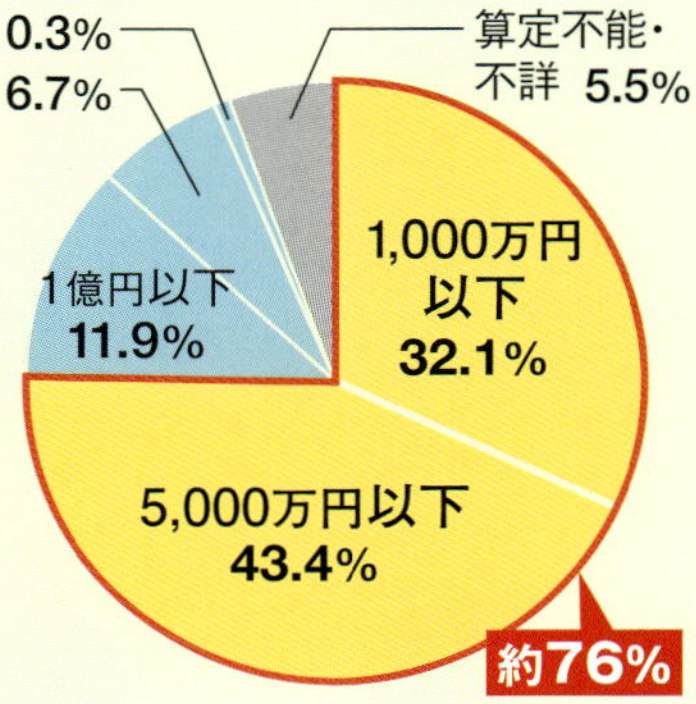

出典：平成29年度 司法統計

File No. 02

本当にあげたい人に財産を渡したい

母・修子の相続財産

土地・一戸建て		
	合計	約3,100万円
マンション		
	合計	約4,900万円
アパート		
	合計	約6,000万円
預金	A銀行	約1億1,000万円
	B銀行	約2億円
合計		約4億5,000万円

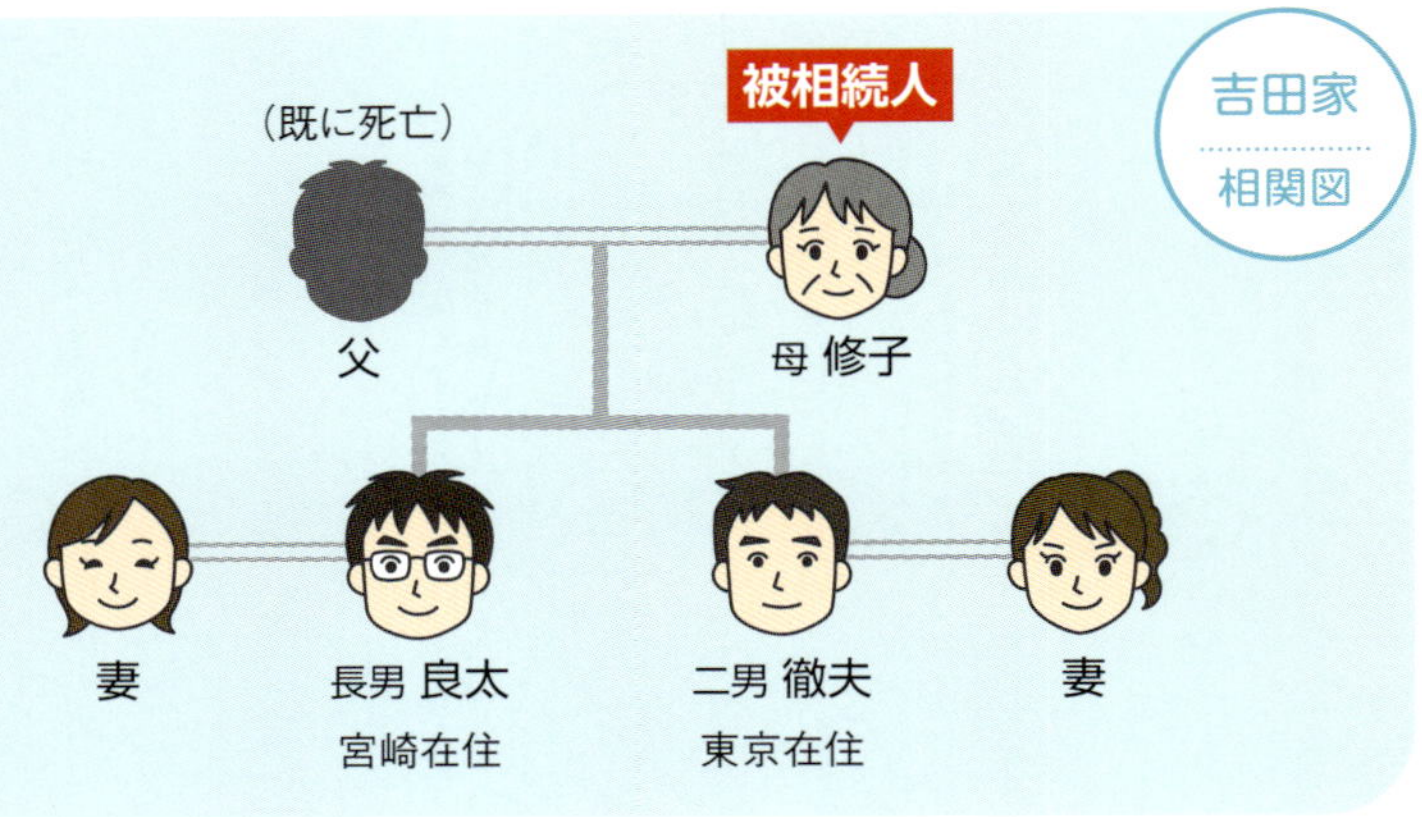

言われるまま書いた遺言書 吉田家のストーリー

良太が受話器を取ると、母の修子が「私、だまされたみたい」と涙混じりで訴える声がした。数年前まで、修子は宮崎で良太家族と元気に暮らしていた。ところが、ある日、原因不明の難病にかかった。途方に暮れた修子へ、助け舟を出したのは二男の徹夫だった。

「いい病院があるから東京へ」

徹夫の家に着くと、徹夫の嫁は一枚の紙を修子に差し出した。

「これからずっと私はお義母さんの面倒をみますから」と、その代金として月々五万円の支払いに加え、全財産を徹夫に相続する遺言書を書けというのだ。断ったら、病院にも行けないと修子は言い含められ、無理やり納得させられてしまったのである。

ところが、毎日、二男の妻は家でごろごろするばかり。修子は二男の妻に病院に連れていってもらったことは一度もない。

遺言書は何度でも撤回や書き直しができる

修子さんにしてみれば、友達もなく、言葉も違う環境に連れていかれたうえ、診察も思うように受けられない。なのに、全財産を二男に奪われると思うと残念でならないでしょう。宮崎にいたときは、長男家族が修子さんの世話をしっかりとしていました。本当は、修子さんは長男にも財産を残したいのです。

遺言書は一度書いてしまうと、ずっと有効だと考える人もいます。しかし、何度でも書き直すことができるのです。遺言書が二通以上出てきたときは、日付の新しいものが有効となります。ただ、前の遺言書と新しい遺言書の両方が残っていると、どちらが有効かでもめることがあります。前の遺言書は処分しましょう。

また、修子さんとすれば二男家族に新しい遺言書は見せたくないはず。タンスの奥にしまっておいて、亡くなった後に遺言書を見つけてもらえず、無駄になることも考えられます。公正証書遺言（P7）を作成することを検討するのも一案です。また、民法改正で、（2020年7月10日以降は）法務局で手書きの遺言書も預かってもらえるようになります。遺言者（修子さん）が生きている間は、遺言者以外は遺言書の閲覧はできません。手続きとして保管申請が必要であるものの、二男夫婦に見られるとか、しまった場所を忘れるといった心配がなくなるのでおすすめです。

自筆証書遺言を法務局に預けるもう一つのメリットは、検認（左記）が不要になることです。家族が遺言書を見つけたあと、開封するには、家庭裁判所での検認が必要で、これには、相続人全員の戸籍謄本などを用意しなければなりません。しかし、法務局に保管すると検認手続きは不要になります。

遺　言　書

1. 2018年3月31日付で作成した自筆証書遺言を全部撤回する。

2. 私が持っている別紙1の財産（A銀行の預金）を、
二男徹夫（昭和52年12月1日生）に相続させる。

3. 私が持っている別紙2の財産（不動産とB銀行の預金）のほか、
別紙1、2以外の一切の財産を長男良太（昭和50年12月1日生）
に相続させる。

4. 私はこの遺言の遺言執行者として長男の良太を指定する。

20XX年7月1日

東京都墨田区向島南51-2
吉田　修子 ㊞

自筆証書遺言
「自筆証書遺言」とは、自分で書いた遺言書を指します。このほか、公正証書遺言など、遺言書は全部で3種類あります。
（➡遺言書の種類P7）

全部撤回する
前の遺言を撤回する旨、意思表示をします。

遺言執行者
遺言執行者とは遺言の内容を実現する人のことです。相続財産を管理し名義変更などの各種の手続きを行います。遺言の内容を相続人に通知するといったことも担います。信頼できる人を遺言執行者に指定しておくとよいでしょう。
指定された人は辞退することも可能です。

20XX年7月1日
遺言書が何枚か見つかったときは、日付の新しいものが有効となります。

※別紙は省略。

検認しないと預金の払い戻しができない？

遺言書を発見した場合、相続人は家庭裁判所へ遺言書を提出して「検認」の請求をしなければなりません。

〈検認の流れ〉

申請	申立書に必要事項を記入、必要書類（相続人全員の戸籍謄本など）を添付して提出
▼	
検認手続き	相続人立会いのもと、遺言書を開封
▼	
検認済証明書の発行	検認済証明書は預金の払い戻し、不動産の名義書換えなどで必要になる

＼弁護士よりひとこと／

プロにまかせて、もめごとを避ける！

長男には、遺言執行者に指定したい旨、書き直した遺言書を法務局に預けたこと（2020年7月10日以降）を伝えておくとよいでしょう。

また、遺言執行者には弁護士などを選任することもできます。もめごとが起こりそうなケース、名義書換えなどの手続きが煩雑、相続人の負担を少しでも軽くしたいときなど、プロに任せて安心を得ましょう。

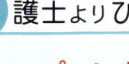

File No. 03

前妻の子が取り分を主張すると家を出されてしまう

父・武の相続財産

家と土地	約3,500万円
預金	約500万円
合計	約4,000万円

（後妻・幸子の財産はほとんどない）

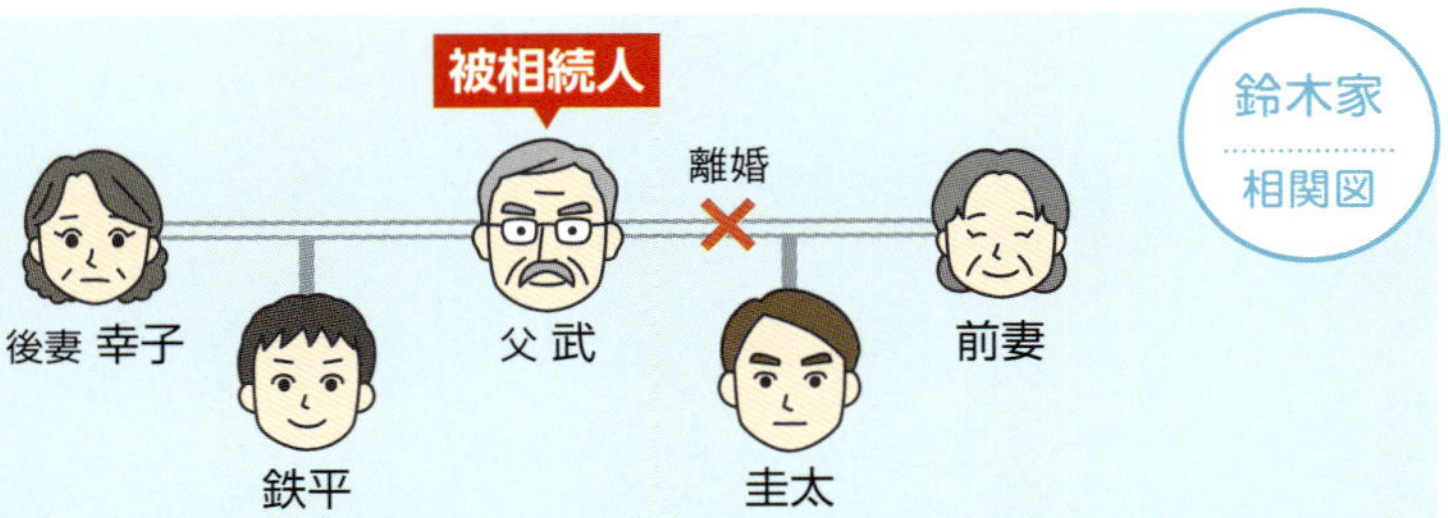

	後妻 幸子	後妻の子 鉄平	前妻の子 圭太	前妻
法定相続人	○	○	○	×
法定相続分	2分の1：2,000万円	4分の1：1,000万円	4分の1：1,000万円	0円

前妻の子にも取り分が同じだけある

鈴木家のストーリー

鈴木鉄平は鈴木幸子と鈴木武の間に生まれた一人息子である。父鈴木武は幸子と結婚する前に別の女性と結婚していて、圭太という息子がいることを、五年前に母から知らされた。しかし、鉄平がその異母兄弟と連絡を取ることもないまま月日は流れ、父武は病に侵されてしまった。

父の前妻の子のことは忘れていたが、父の具合が悪くなり、相続を考えたところで、新たな心配ごとが起きた。鉄平の母と結婚してから父が一度も会っていない前妻の子にも、鉄平と同じ額を相続する権利があるというのだ。

法定相続分で計算すると、前妻の子の取り分は相続財産の4分の1、金額にして約1000万円。等分に分けるとすると、家を売ってお金を作らなくてはならなくなる。親子の交流が20年以上も前に途絶えていたとしても、取り分は同じなのかと、幸子も鉄平もショックを受けた。

前妻には権利がないが、子どもにはある

前妻は、離婚した時点で法定相続人ではなくなるので相続分はゼロです。

一方、どんなに疎遠でも、親が離婚しようとも、故人である武さんの子、圭太さんには財産を相続する権利があります。子はずっと子、親子の縁が切れるわけではありません。

遺産分割協議書には法定相続人である、①圭太さんと②後妻の幸子さん、③幸子さんの子・鉄平さん、三人の実印による押印が必要になります。

前妻に子どもがいる場合、遺産分割協議が難航することはよくあります。圭太さんが法定相続分どおり、財産の4分の1をよこせと主張したら、武さんの預金は500万円しかないので、1000万円を渡すには鉄平さんか幸子さんが現金で500万円を用意するか、家を売ってお金を作るしかありません。このような事態を避けるには、左図のような遺言書が有効です。

このページは、前妻に子どもがいるというケースを扱いました。法定相続人というと、普段顔を合わせている配偶者や子どもといった、「身近な人」を思い浮かべる人も多いと思います。ところが実際は、このケースのように疎遠であったり、自分は一度も会ったことがなかったりする人が法定相続人になることもあります。こういった「思わぬ相続人」の出現は、今回紹介したケースのように、残した家族の生活を脅かすものにもなりかねません。残した家族を守るためにも遺言書は必要だといえます。

なお、法定相続人や、法定相続分はP6、78に詳述してあります。

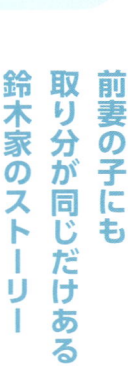

遺　言　書

1.（1）私が持っている別紙1の土地および建物の各3分の2を、妻幸子（昭和39年3月31日生）に相続させる。

（2）私が持っている別紙2の預金のほか、一切の財産を妻幸子に相続させる。

2. 私が持っている別紙1の土地および建物の各3分の1を、私の子 鈴木鉄平（平成5年4月30日生）に相続させる。

令和X年7月1日

埼玉県川口市本石15-1

鈴木　武（鈴木）

遺言書

遺言書で得られる妻の安心

前妻の子圭太さんの遺留分は500万円（相続財産の8分の1）です（➡計算方法P89）。

万が一、遺留分侵害額請求を圭太さんからされても、預金が500万円あるので支払えます。遺言書を書いてあれば、幸子さんは家を売らずにすみます。

＼弁護士よりひとこと／

遺留分侵害額請求とは

法定相続人（P6・兄弟姉妹を除く）には最低限、財産をもらう権利があります。**遺留分侵害額請求**とは、その権利を主張し、ほかの相続人に金銭の支払いを要求することです。

別紙1　目録

不動産

（土地）

所在：埼玉県川口市本石15番1

地番：15番1

地目：宅地

地積：200㎡

（建物）

所在：埼玉県川口市本石15番1

家屋番号：15番1

種類：居宅

構造：木造瓦葺2階建

床面積：1階80.00㎡

　　　　2階75.72㎡

鈴木　武（鈴木）

別紙

目録はワープロ書きなどでOK。

別紙2　預金

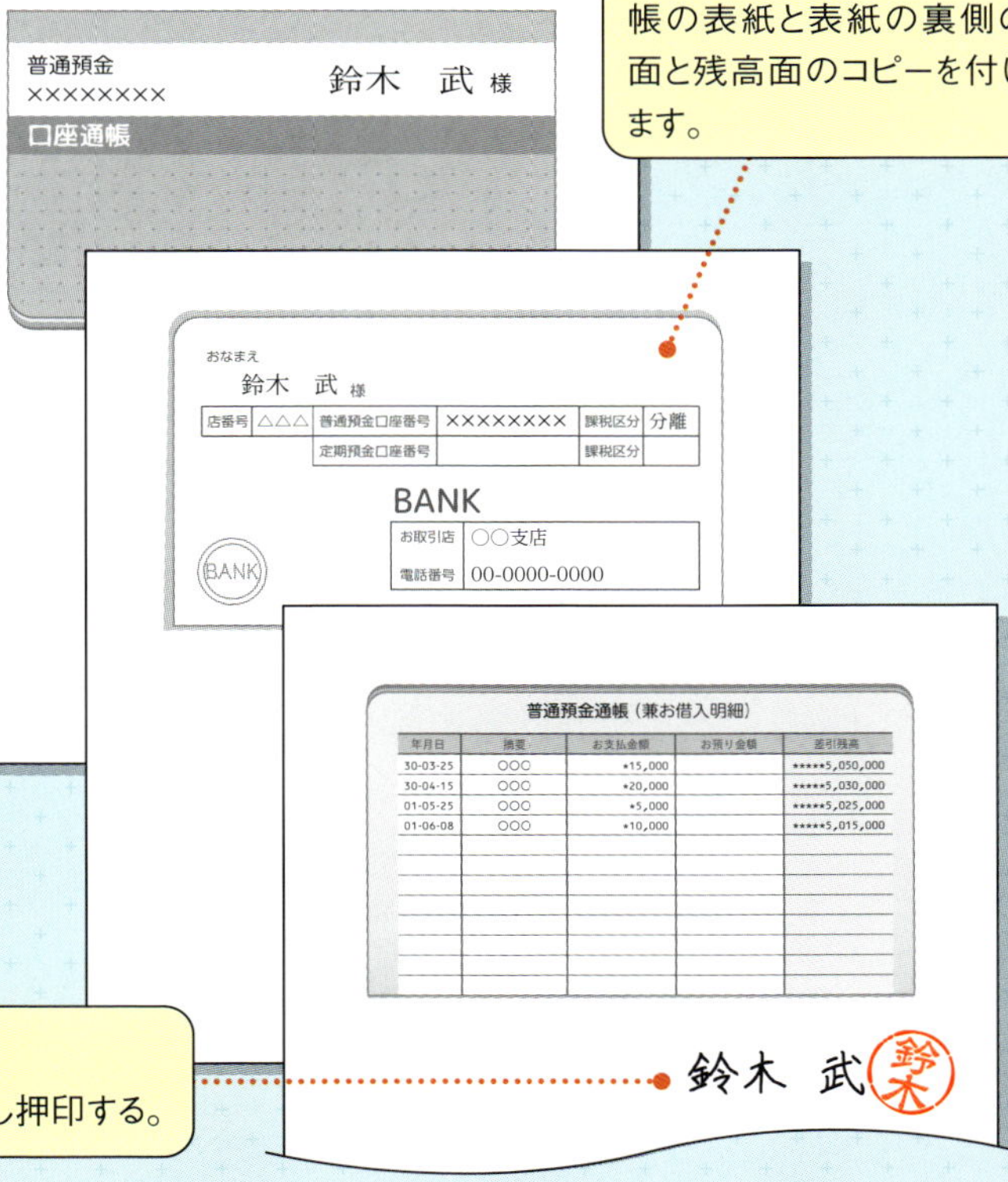

おなまえ

店番号　△△△　普通預金口座番号　×××××××　課税区分　分離

定期預金口座番号　　　　　　　　　　　　　　　課税区分

お取引店　○○支店

電話番号　00-0000-0000

普通預金通帳（兼お借入明細）

年月日	摘要	お支払金額	お預り金額	差引残高
30-03-25	○○○	*15,000		*****5,050,000
30-04-15	○○○	*20,000		*****5,030,000
01-05-25	○○○	*5,000		*****5,025,000
01-06-08	○○○	*10,000		*****5,015,000

鈴木　武（鈴木）

別紙

民法改正で、財産の明細はコピーでもよくなりました。通帳の表紙と表紙の裏側の面と残高面のコピーを付けます。

鈴木武　印

必ず自筆で署名し押印する。

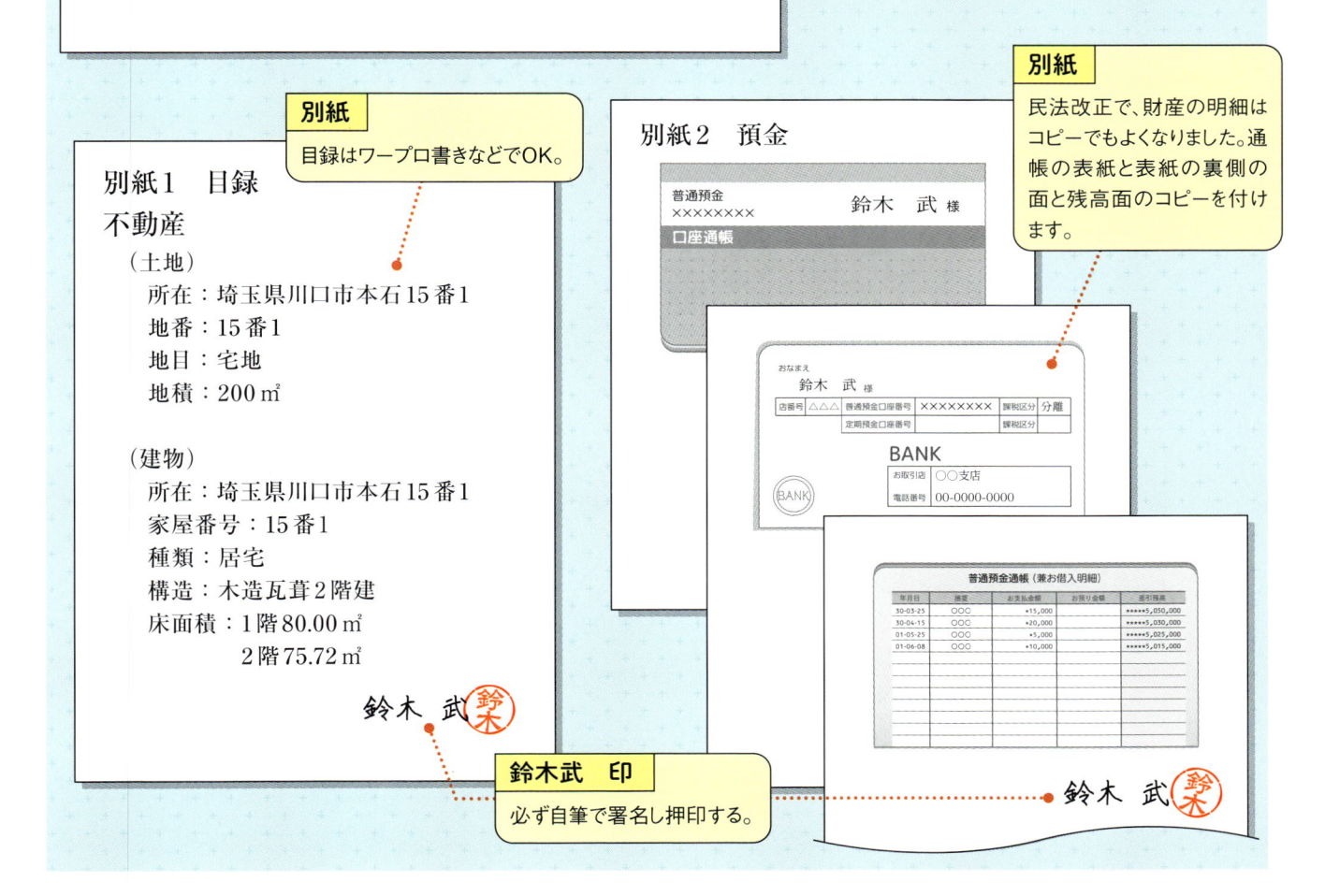

File No. 04

遺言書がないと遺産分割できない？

父・政宗の相続財産	
家と土地	約3,000万円
預金	約1,500万円
合計	約4,500万円

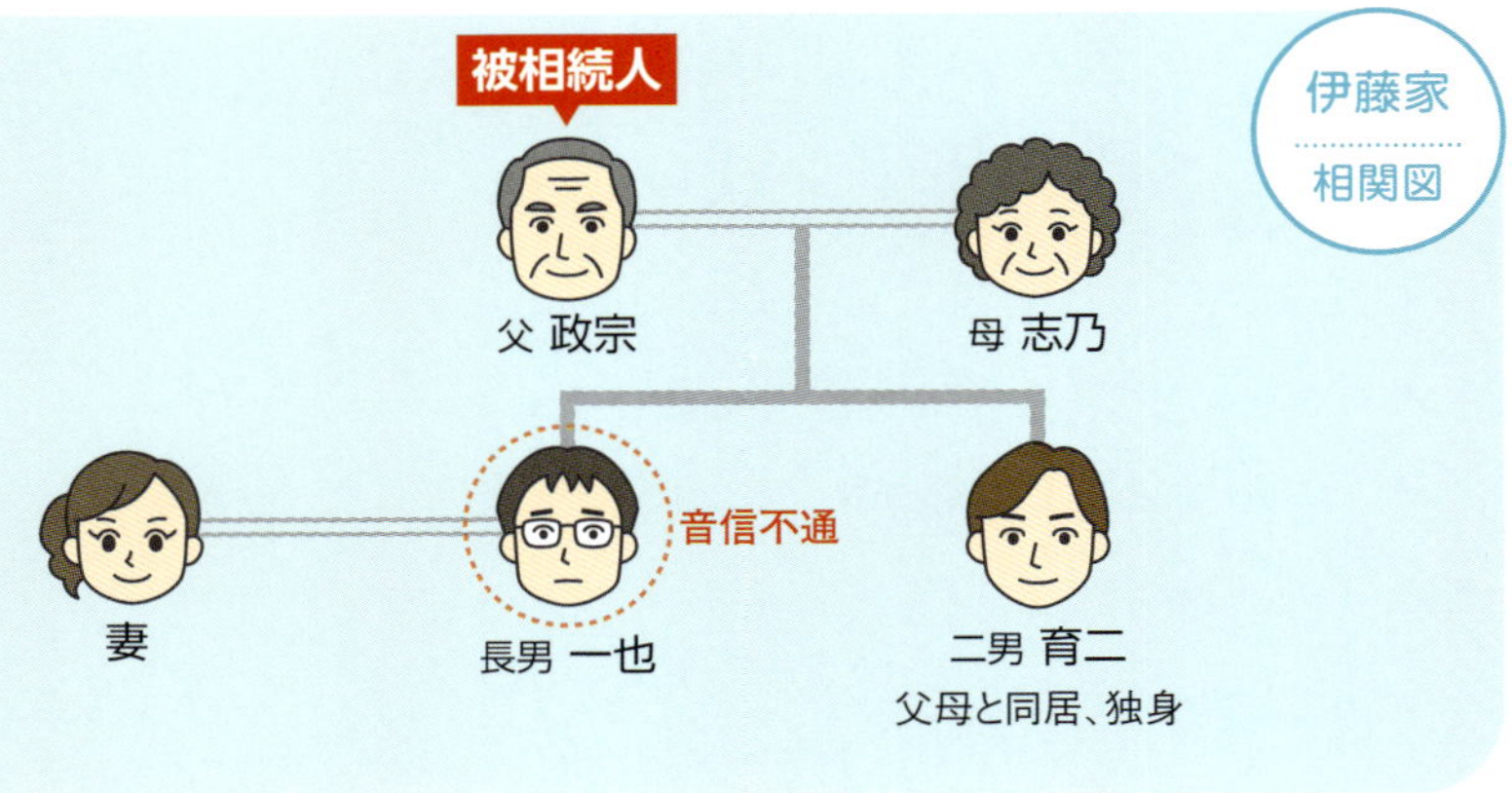

音信不通の兄がいる伊藤家のストーリー

伊藤家は家族4人で平和に暮らしていた。長男の一也は結婚を機に独立。穏やかな日々が流れた。

ところがある日、一也は妻とけんかして家に帰らなくなってしまった。悪い知らせもないことから、どこかで生きているはずなのだが……。連絡がつかずにもう三年が経つ。一也の妻は、怒りが収まらない様子。よほどのことがあったのだろう。

「優しいのだけれど、少し気が弱いところもあった一也。甘やかして育てた私もいけなかった」、と反省する母、志乃。いつもは寡黙な父が口を開く。

「志乃、お前は悪くない。それより、私も年だ。もしものことがあったら、育二、お前に母さんを頼むぞ」

「それはかまわないけど……」

「家は、育二、お前にやる。預金は母さんに渡してくれ。これは私の遺言だ」

「でも兄さんの分はいいの？」

「一也は音信不通で住んでいる場所もわからない。連絡がとれないのだから分けようがないだろう」

相続人に音信不通の人がいれば必ず遺言を残すこと

生前、父の政宗さんは、妻と二男の育二さんの二人で財産を分けるように言いました。ただ、口約束（口頭）は遺言として認められません。結果、伊藤家は遺産分割協議書が必要になります。兄の一也さんは連絡の取りようがないのだから、遺産分割協議に参加させなくともよい、と考えがちですが、これは間違いです。遺産分割協議は法定相続人全員、一也さんも入れなければなりませんので捜さなければなりません。捜しても見つからないときは裁判所に**不在者財産管理人**（*）を選任する、といった手続きが必要になります。法定相続人に一人でも連絡が取れない人がいると、遺産分割は進まず、時間がかかります。遺言書がないことで、残された者に負担がかかります。

政宗さんは二男の育二さんと妻の志乃さんで財産を分けてほしいと言い、育二さんも志乃さんも了解しました。このような場合は、遺言書を残せば、遺産分割協議はもとより不在者財産管理人の選出なども不要になります。遺産分割をスムーズに進められます。

＊不在者財産管理人とは

不在者の財産を管理・保存するほか、不在者に代わって、遺産分割、不動産の売却などを行う人をいいます。

不在者財産管理人を選任するには、まずは遺族などの利害関係者が家庭裁判所に申立てをします。このとき、不在者の戸籍謄本や不在であることを証明する資料（不在者あての手紙などで「あて所に尋ねあたりません」などが付されて返送されたもの）などを添付します。また、申立てには、財産管理人として適任者を候補として提出します。一般的には、妻がいれば妻などを選ぶことが多くありますが、弁護士などに依頼することも可能です。

■所在が不明の人の捜し方

疎遠で引っ越し先がわからない、といった場合は、戸籍謄本を調べます。附票に住民票の変遷があるので、記録されている中で一番新しい住所を訪ねてみましょう。

弁護士に依頼して、捜してもらうこともできます。

＼税理士よりひとこと／

遺産分割の遅れは税額にも響く!

伊藤家の財産は基礎控除額（4,800万円➡計算方法はP8）以下なので、相続税の申告は不要です。仮に、相続税の申告が必要な場合、遺産分割が進まないと、相続税を多く支払うことにもなりかねません（詳細は下記参照）。分割をスムーズに進めるためにも遺言書は有効です。

遺　言　書

1. 私が持っている別紙1の不動産について、二男育二（昭和39年3月31日生）に相続させる。
2. 私が持っている別紙2の預金ほか、別紙1、2以外の一切の財産を妻志乃（昭和15年5月31日生）に相続させる。

【付言事項】

一也へ

一也と音信不通になったとき、私も母さんも育二もとても心配しました。あなたの帰りを待ち望みましたが、残念なことに今の時点では叶っていません。家族で話し合い、私の死後、育二が母さんの面倒を見ることになりました。

そこで、上記のように遺産を分けることにしました。不満はあるかもしれませんが、私の意をくみとり、遺留分侵害額請求などを行わないことを希望します。

20XX年7月1日

東京都杉並区丸濤22-8

伊藤　政宗（伊藤）

遺言書

遺言書があれば、遺言どおりに遺産分割が執り行われるので、遺産分割協議書は不要。行方不明の兄を捜す必要もなくなります。

【付言事項】

行方不明だった兄が見つかり、遺留分侵害額請求をされる可能性があります（➡P56、89）。

付言事項は法的な効力はありませんが、遺留分侵害額を請求しないように、説得することができます。

※別紙は省略。

相続税の申告期限

相続税の申告は相続の開始があったことを知った日の翌日から10ヶ月以内に行うことになっています。たとえば、1月6日に死亡した場合にはその年の11月6日が申告期限になります。

長いようで意外とあっという間に期限が迫ります。その間に不明者を捜すこともしなくてはなりません。

期限まで遺産分割ができないとき

相続税の軽減が受けられない場合があります。たとえば、「配偶者の税額軽減（➡P94）」は、配偶者が実際に取得した財産を基に計算されます。相続税の申告期限までに分割されていない財産は税額軽減の対象になりません。

ただし、相続税の申告書に、「申告期限後3年以内の分割見込書」を添付し、実際、3年以内に分割すれば、税額軽減の対象にすることもできます（詳細は税理士にご相談ください）。

File No. 05

フリーターの娘が心配

母・公子の相続財産	
預金	約3,000万円
合計	約3,000万円

※投資目的で買ったマンション約1,000万円は良子に生前贈与

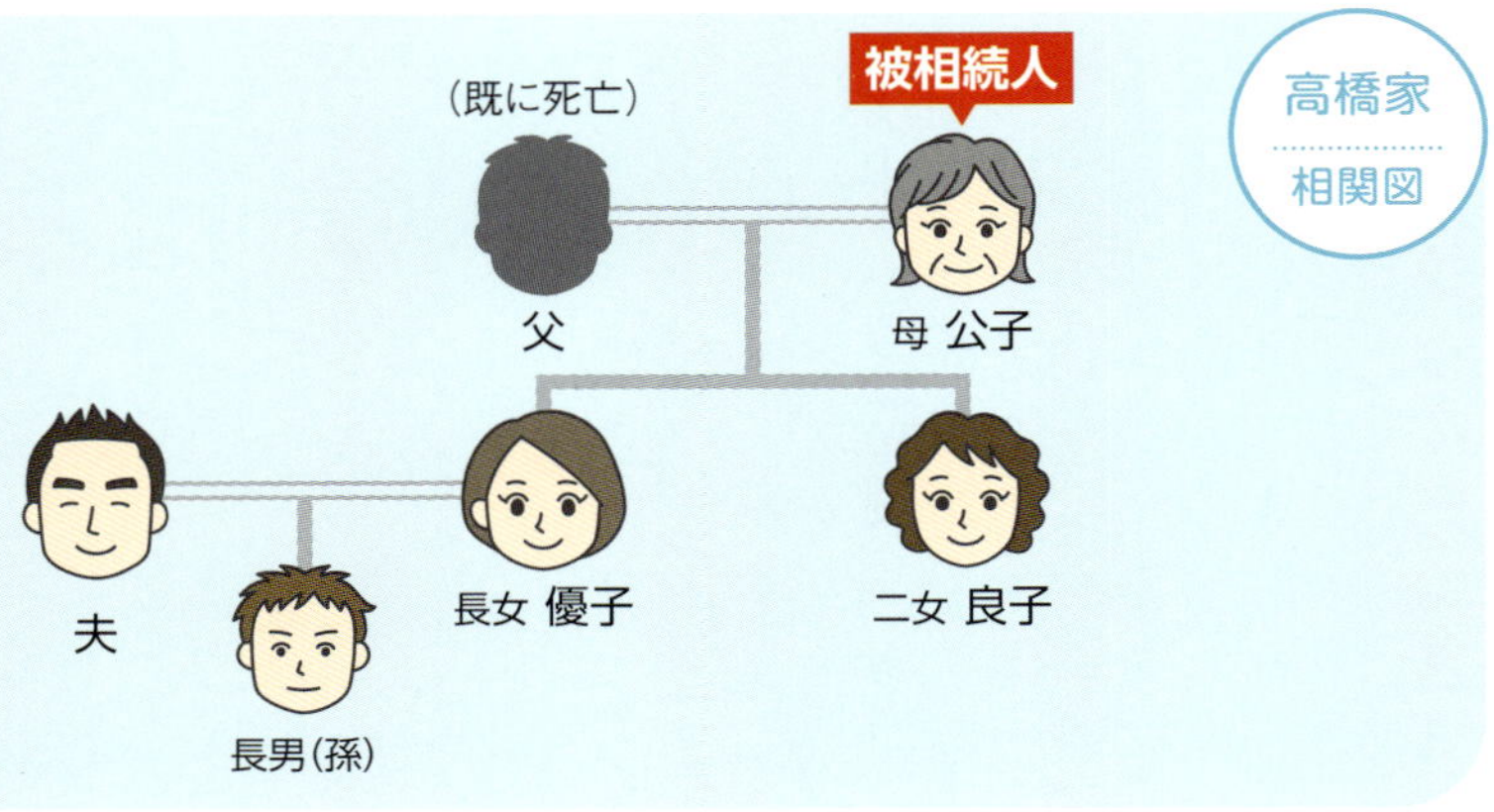

フリーターの二女の将来が心配な高橋家のストーリー

公子には二人の娘がいる。同じ姉妹なのに何かにつけて二人は正反対。姉の優子はしっかり者で仕事もできる。公立高校の教師と結婚し、子どもはひとり。夫婦仲がよく幸せそうだ。何があっても夫婦で力を合わせて乗り越えるに違いない。

他方、妹の良子は勤めも長続きしたためしがない。お金が無くなるとアルバイトをして糊口をしのいでいる。独身だが、厄介者かというと、そうでもない。時間ができると公子の住む高齢者向賃貸住宅を訪ねてくる。帰り際、公子は財布から一万円札を出し、良子に手渡す。あれだけ楽しい時間を過ごせたのである。少しくらいお小遣いを渡しても罰は当たらない。ただ、公子は良子が愛おしいほど、将来が心配でならない。ある日、公子は自身がこの世を去った後も、良子が一生、生きるのに困らないよう、策を講じた。

特定の誰かに多くあげたい打った合わせ技とは

親としては、自分の死後も、子どもには変わらず幸せに暮らしてほしいと願うものです。兄弟の中でも、定職に就いていなかったり、体が弱い子がいたりすると、なおさら心配になります。

また、孫など、かわいい、愛おしいと感じ、その子に財産を多く渡したいという心情が生じることもあるでしょう。あるいは、子の夫(妻)が浪費家だったりすると、せっかく築いた財産も浪費する可能性もあるので、まじめな夫婦に財産を継いでほしいと思うときもあるでしょう。

特定の誰かにすべて財産を渡そうとしても、遺留分というものがあり、もらえなかった人は最低限を兄弟等に請求する権利があります(P56・89)。

公子さんが打った手とは、遺言書と生前贈与の合わせ技です。生前に公子さんはマンションを良子さんに贈与しました。生前贈与には贈与税がかかりますが、さまざまな非課税制度があります(左ページ)。

ただ、特定の相続人(良子さん)だけに生前贈与をするのは不公平。是正するために、法律では、遺産分割のときに良子さんが受けた財産も相続財産とみなす、「**特別受益の持ち戻し**」というものがあります(左ページ)。ただ、贈った公子さんとしては、持ち戻しをせずに良子さんに多くの財産を渡したい。そのときは、左記のような遺言書を書くことで、持ち戻さない(持ち戻しの免除)ことができます。

遺言書

一、次のとおり各相続人の相続分を指定する。
長女 青木 優子（昭和49年10月11日）
2分の1
二女 高橋 良子（昭和54年6月1日）
2分の1

二、私は、これまでに二女高橋良子に与えた生前贈与については、**持ち戻しを免除する**。

令和×年七月一日
群馬県高崎市赤城山222-8
高橋 公子 （高橋）

持ち戻しを免除する

「持ち戻しを免除する」といった文言を入れることで、結果、より多くを良子さんに相続させることができます。

生前贈与（生きているうちに贈与）の非課税制度

1 暦年課税

1年間（1月〜12月）で110万円までの贈与ならば贈与税はかからない。

2 相続時精算課税の選択

贈与について累計2,500万円まで非課税。ただし、相続税のときに、贈与された財産を相続税の課税価格に持ち戻す。つまり、贈与税は非課税にするが、相続税で精算するという制度。

ただ、高橋家は相続税も非課税（基礎控除額4,200万円まで非課税➡計算はP8、92）。贈与税、相続税ともに非課税になる。

3 教育資金の一括贈与

親や祖父母などが教育資金として生前に贈与すると

特徴1 1,500万円までと非課税枠が大きい

特徴2 受贈者が次のいずれかの場合は、3年以内の持ち戻し不要（平成31年3月31日までの教育資金の一括贈与については相続税の対象となりません）
①23歳未満である場合
②学校等に在学している場合
③雇用保険法の教育訓練を受けている場合

銀行に口座を作るなど、非課税にするには要件がある。その他、制度の期限や所得要件（受贈者の前年の合計所得金額が1,000万円以下）などの要件があるので確認が必要。

また、結婚・子育て資金や住宅取得の資金に関する非課税制度もあり。

特別受益の持ち戻しとは

特別受益 被相続人から遺贈や多額の生前贈与を受けた場合、その受けた利益を指します。高橋家でいえば、良子さんがもらったマンションが該当します。

持ち戻し 公子さんの相続財産は預金だけです。遺産分割のときに、この預金に、マンションを加えることを**特別受益の持ち戻し**といいます。

公子さんの財産は預金が3,000万円。持ち戻しをすると、マンションが加わるので合計4,000万円。優子さん、良子さんに相続させる金額も変わってきます。

〈持ち戻し〉相続させる金額の違い

持ち戻しがないとき

預金3,000万円×1/2
➡ 1,500万円ずつ

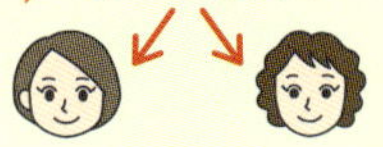

持ち戻しがあるとき

預金3,000万円 ＋ マンション1,000万円
合計4,000万円×1/2
➡ 2,000万円ずつ

預金3,000万円のうち2,000万円を優子さんが、良子さんはすでに1,000万円をもらっているので、残り1,000万円を相続。つまり、持ち戻しがあると、優子さんに相続させる金額は増え、良子さんの金額は減ってしまう。

税理士よりひとこと

相続財産に加算する

相続税の計算では、遺言書の内容に関係なく、亡くなる前の**3年以内に相続や遺言で財産を取得した人に贈与した財産**は相続財産とみなして持ち戻します。ただし、左記の非課税制度3の教育資金に関する贈与で、亡くなった日において受贈者が23歳未満であったり学校等に在学している場合は加算しなくてもよいです。

File No. 06

息子と同居するための遺言書を書きたい

母・理恵子の相続財産

不動産（自宅・土地と家）	約1億4,000万円*
上場株式	2,000万円
預金等合計	4,000万円
合計	約2億円

*自宅に対しては小規模宅地等の特例を適用する前の評価額

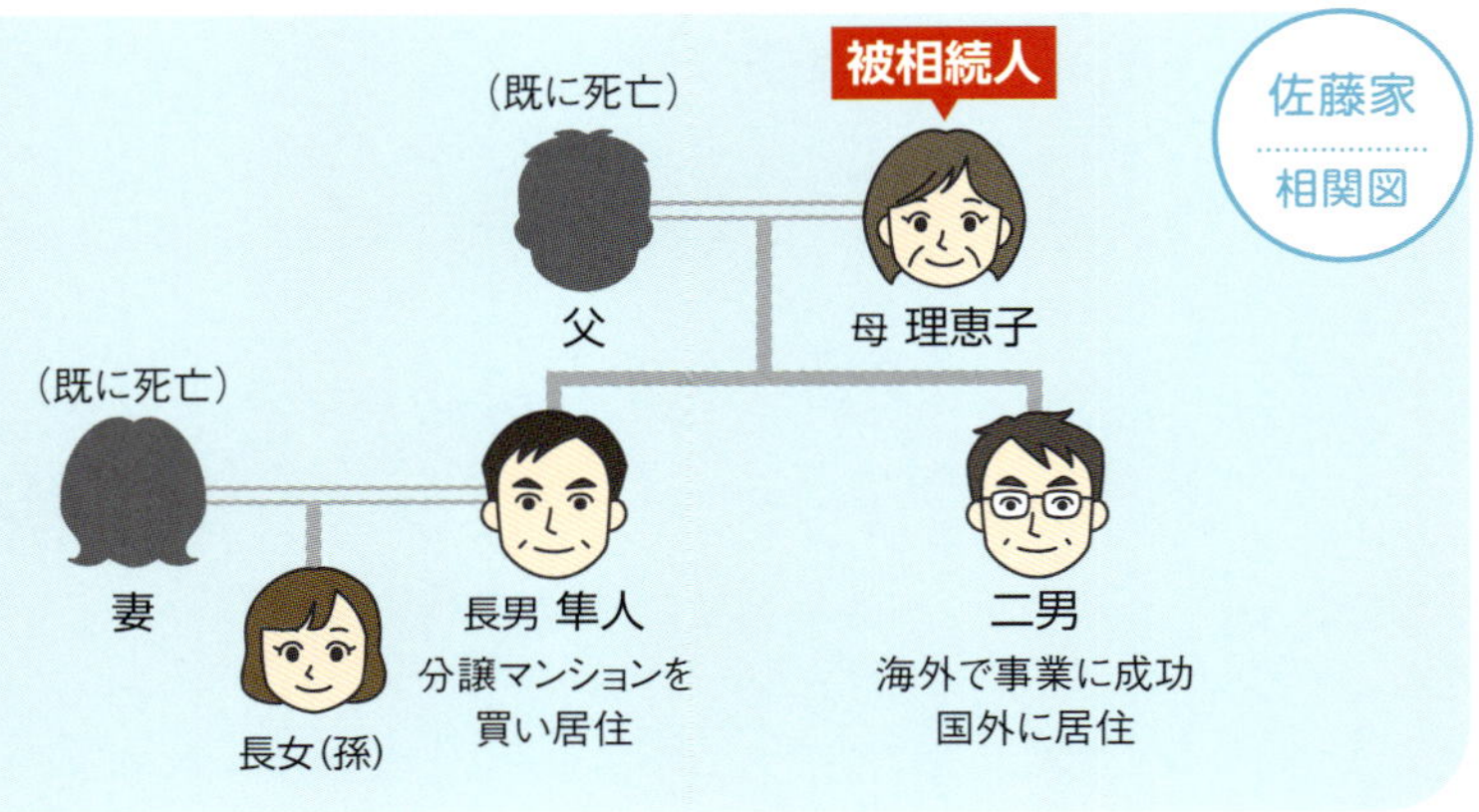

健康不安と寂しさが襲う 母・佐藤理恵子のストーリー

新宿のデパートから買い物袋を抱えた佐藤理恵子が、タクシーで家に帰ろうとしていた。

「おフクロじゃないか。偶然だな」

振り向くと、息子の隼人だった。

「久しぶり。夕食はうちでどう？」と息子を誘った。隼人は娘と二人で暮らしていたが、去年娘は就職して忙しくしており、寂しい日々を送っている。寂しいのは理恵子も同じ。最近はたくさんいた友達も体が弱って集まれなくなった。家に着くと、理恵子は隼人にビールをついだ。その手は小刻みに揺れている。「私も脳塞を患ってからは一年一年が勝負って感じよ」理恵子は自分からは「私と一緒に暮らさない？」などとは言えない。息子には息子の生活があるからだ。そして、半年が過ぎた。隼人は母親のもとへ引っ越すことに。隼人が同居を決めた理由とは？

息子との同居を成功させた母

年をとると、子どもと一緒に暮らせたら安心と思う人も多いものです。とはいえ、なかなか言い出しにくいものがあります。そんな中、同居を前提に親が遺言書を書くことで、子どもにとってもメリットが生まれることもあります。佐藤家の場合がそうでした。

理恵子さんと隼人さんが一緒に住むことになったきっかけは、隼人さんのほうから持ち掛けた相談でした。実は、佐藤家には二つの問題がありました。

①二男が国外在住

（遺産分割の手続きが煩雑）

②相続税が高額

この二つを解決するには、「理恵子さんが遺言書を書く」「隼人さんが同居する」、この二つの方法があります。理恵子さんと隼人さんは話し合いを続けるうちにそのことに気づいたのです。

①二男が国外在住の対策

相続人が国外に住んでいると、必要な書類を大使館や領事館で発行してもらう必要があり、遺産分割に時間がかかります。左ページのように遺言書を書き法務局にて保管（２０２０年７月10日〜）することで、煩雑な手続きが省け、遺産分割がスムーズになります。

②相続税が高額となる場合の対策

相続税対策として、自宅に小規模宅地等の特例（左ページ図）を利用することがあります。この特例を適用させると、土地の面積のうち約１００坪以下の部分は、評価額が80％引きになります。ただし、誰でも特例が使えるわけではありません。隼人さんは特例の同居の要件を満たすため、理恵子さんの家に住むことにしたのです。二男も納得してくれて相続財産もいらないとのことでしたので、遺言書を作成しました。

遺　言　書

1. 私が持っている別紙1の財産のほか一切の財産を
長男隼人（昭和34年2月1日生）に相続させる。

20XX年4月1日

東京都新宿区南石原41
佐藤　理恵子（佐藤）

遺言書

○遺産分割協議書が不要になるので、二男が国外に住んでいても遺産分割がスムーズに。

○二男にとって、遺産分割協議書の作成に伴うサイン証明の取得など、面倒な手続きを省くことができます。

別紙1

別紙には財産の目録を添付しましょう。または、全部事項証明書（登記簿謄本）のコピーや預金の通帳のコピー、証券会社の残高証明書の添付も可です。

相続させる

遺言書は国外にいる二男にもメリットをもたらしますが、偏った遺産分割を知り、不快に思う可能性もゼロではありません。事前に事情を丁寧に説明することをおすすめします。

※別紙は省略。

なぜ、同居で隼人さんの相続税が低くなるのか？

小規模宅地等の特例とは

故人の土地（自宅など）が最大80%減額される制度です。評価額1億円の土地が2,000万円になるので、違いは大きいです。ただ、条件があります（➡P94）。たとえば、自宅を相続する場合、

①同居している子どもはOK

②同居していない子どもでも、他に同居している相続人がいなければ適用できる。しかし、その子どもが家を持っているとNG

隼人さんはもともと②母・理恵子さんとは同居していませんでした。しかも、住まいは分譲マンション（持ち家）。この状態では特例の適用はできません。ところが、母が元気なうちに同居することで、①適用の条件を満たすことが可能です。

②については、相続開始前３年以内に国内にある自分、自分の配偶者、三親等内の親族、同族会社等の所有する家屋に居住したことがなく、相続開始時に自分の居住する家屋を過去に所有していたことがないことが要件となります。

相続税の申告に注意

平成27年以降、法改正により、相続税の申告が必要な人が増えました

相続税には、基礎控除といって、財産の少ない人は相続税を払わなくてもよいようになっています。この基礎控除が引き下げられ、より多くの人が相続税の申告が必要になりました（➡相続税の計算P8、92）。

例　4人家族（相続人・合計3人：配偶者と子ども2人）の場合

平成26年12月以前
- 8,000万円（5,000万円+1,000万円×3人）まで課税されない
- 申告不要

改正後
- 4,800万円（3,000万円+600万円×3人）まで課税されない
- 申告不要

税理士よりひとこと

税額0円でも申告が必要！

小規模宅地等の特例を適用することで、納税額がゼロになるようなケースでも申告が必要です。

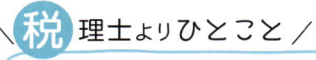

File No. 07

独り身なので財産の行方が不安

渡辺功の相続財産

古書	約200万円
預金	約5,500万円
住まいは賃貸住宅	
合計	約5,700万円

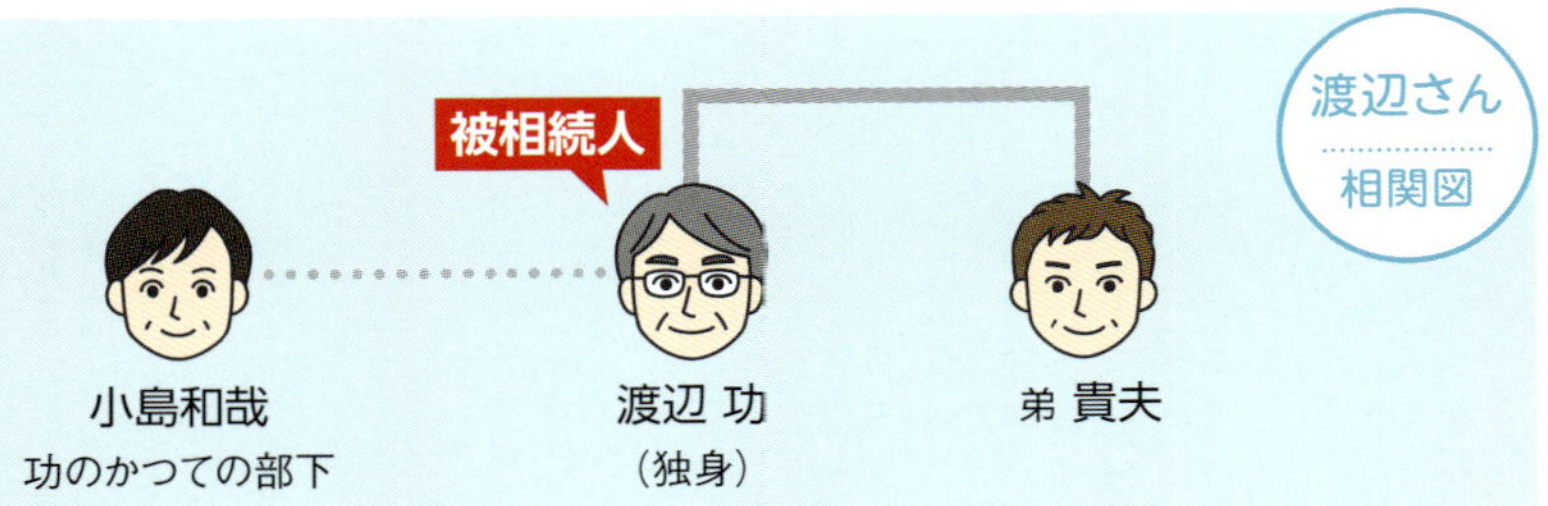

	弟 貴夫	小島和哉
法定相続人	○	×

お宝が売却される危機
渡辺 功のストーリー

その昔、渡辺功は帝都大学文学部の教授で、彼が務めた国文学書評論の講義は学生に人気の科目であった。小島和哉は渡辺研究室のかつての助手。その後、渡辺の取り計らいで准教授に昇進した。二人とも自由な独り身。和哉は渡辺が定年退職した後も連絡を取りあっていた。渡辺の本棚には世界に名の知れた作家の初版本が壁いっぱいに並ぶ。二人はワインの銘柄を品評するように、文学作品について論じるのが楽しみだった。

「小島君、僕が死んだらこの本たちはどうなるのかな」

「先生、ご兄弟は?」

「弟が一人。ほかに親族はいないよ」

「でしたら、財産は弟さんのところにすべて行くと思います」

「それは困ったな。弟は本の価値なんてわからないから、全部売り払ってしまうだろう」

「本の保管は意外と難しいです。どこの誰だかわからない人の手に渡ってしまうのは不安ですね」

遺言書があれば お宝は守れる

渡辺功さんには妻や子ども、親がいないので、遺言書がないと、財産は法定相続人である弟の貴夫さんのものになります（⬇法定相続人P6）。貴夫さんは文学には無縁、しかも強欲。功さんが苦労して集めた貴重な文学作品集は売り飛ばされるに違いありません。功さんは、小島和哉さんのように作品の価値を理解し、大切に扱ってくれる人に譲りたいのです。遺言書があれば、血のつながっていない人（小島さん）に財産を贈ることができます。

遺言書では、相続する遺産のところには、お金や不動産以外にも、書籍や骨とう品、美術品などを書くこともできます。

このほか、遺言書では、人物だけでなく、お世話になった学校や団体、企業などにも、財産を贈ることができます。ただし、相手にも事情もあるので、事前に遺贈の旨を確認しておいたほうが無難です。

もし、渡辺さんに弟がいなかったとしたら、財産はどうなるのでしょう。

手順としては、

①利害関係人が裁判所に相続財産管理人の選任を申し立てる。

②相続財産の管理人が決まる。

③一定の手続き（たとえば、借金がある場合は借りた人に返すなど）を経て、最終的に国庫帰属（国のもの）となります。この時、仮に小島さんが渡辺さんの療養看護に努めていたら、家庭裁判所に相続財産の一部をもらえるよう、申し立てることもできます。このような申し立てができる人のことを特別縁故者といいます。

遺 言 書

1. 私が持っている別紙1の財産（古書）を小島和哉（神奈川県鎌倉市西鎌倉81-2、昭和39年10月1日生）に遺贈する。

2. 私が持っている別紙2の預金（A銀行の預金）を、次の者らに遺贈する。
- 小島和哉（神奈川県鎌倉市西鎌倉81-2、昭和39年10月1日生）に2分の1
- 学校法人B大学（東京都新宿区神楽坂東35所在）に2分の1

3. 私はこの遺言の遺言執行者として 1. 項の小島和哉を指定します。

20XX年4月1日

神奈川県鎌倉市北鎌倉192
渡辺 功 （渡辺）

小島和哉

遺言書を残すことで、友人など、法定相続人以外にも財産を贈ることができます。

神奈川県鎌倉市西鎌倉81-2

住所を記載するのは、本人を特定するためです。

学校法人B大学

お世話になったところに恩返し
遺言を残すことで、母校などにも寄付ができます。ただ、一方的に寄付するのではなく、寄付先には事前に遺言書のことを伝え、了承をとっておきましょう。

税理士よりひとこと

他人には相続税が２割加算！

被相続人（渡辺功さん）の親や子（一親等の血族）、配偶者以外の人が財産を受け取ったときは相続税額の２割が加算されます（*）。小島和哉さんは相続税が２割加算されます。

美術品や骨董品、古書はもとより、家具などでも価値が高く、換金できるものは相続税の課税対象になります。評価額次第では相続税の支払いが生じることも……（相続税を支払う必要があるかどうか、計算方法は➡P92）。

*例外：代襲相続人（子がすでに亡くなっていて、代わりに相続する孫など）は２割加算の必要はありません。

弁護士よりひとこと

遺言書があれば、弟の相続分はゼロにできる！

兄弟姉妹や姪甥には遺留分がありません。ですので、遺留分侵害額請求には対策を講じる必要がありません（➡遺留分P89）。

遺言執行者を書くことで確実に遺言が執行されます。

遺言書で安心を得る

世の中には、人の世話をするならば相応の見返りを期待する人もいます。金額を決めて、遺言書でお金を渡す約束があれば、きちんと頑張ろうという気にもなります。

遺言書は行く末を安心するためのものとなります。

File No. 08

認知症の父の財産が危ない

父・勇蔵の相続財産

土地（駐車場として賃貸）	約1,000万円
預金	約3億9,000万円
合計	約4億円

※自宅は既に処分して現在は高齢者向賃貸マンションに住む

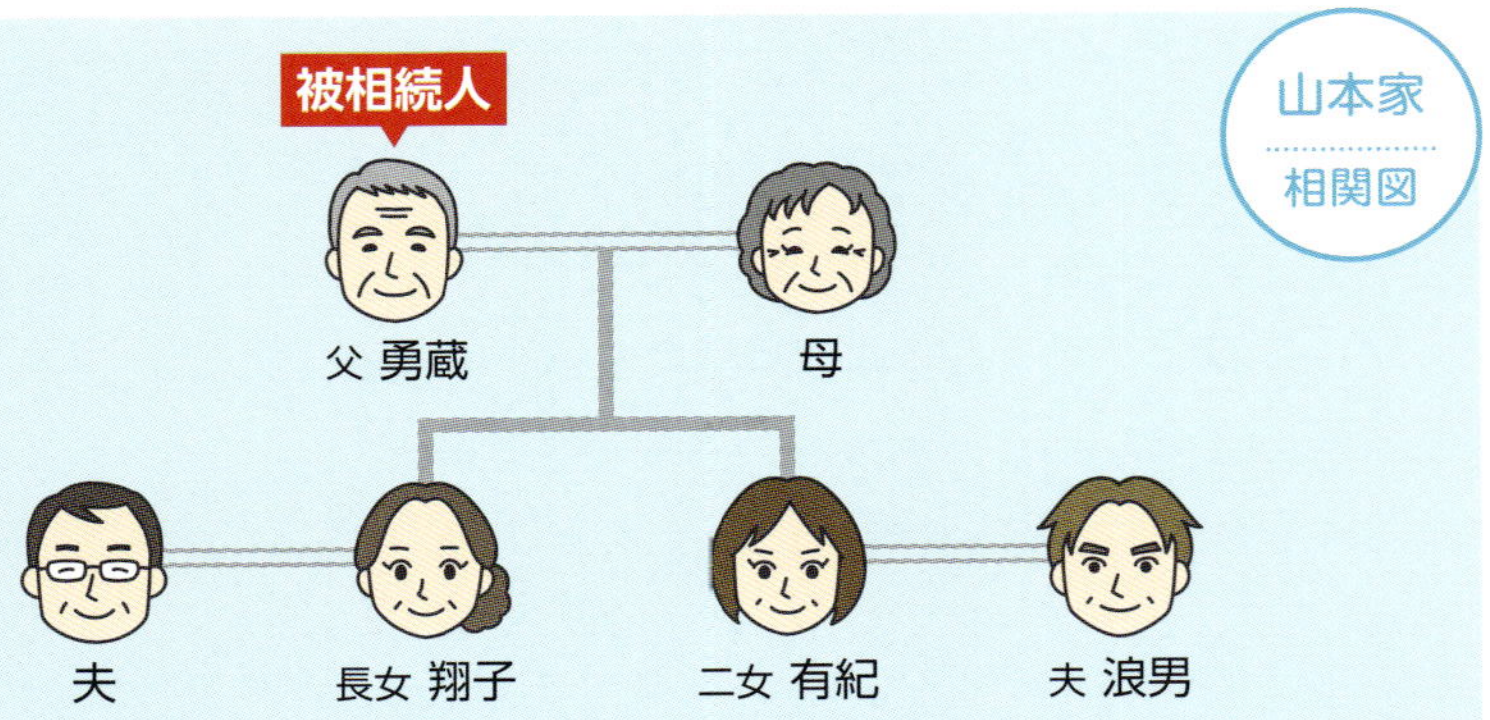

認知症で浪費家に狙われる 山本家のストーリー

最初、山本勇蔵の異変に気付いたのは長女の翔子だった。その日、勇蔵は玄関に立ち、「出かけてくる」と翔子に言った。ほどなく、勇蔵は戻るが、すかさずスーツに着替えると、再び「出かけてくる」と言って、家を出てしまった。最近の勇蔵は、外出はもとより昼食を食べたことすら忘れるようになった。

勇蔵に認知症の症状が出てから、翔子は勇蔵宅へ頻繁に様子を見に行くようにしている。中でも、翔子が注意を払うのは妹（二女）夫婦の動向だ。妹の夫、浪男は金づかいが荒い。ある日、翔子が勇蔵を訪ねると、テーブルには一枚の紙があった。浪男が勇蔵にペンを持たせ、何やら話しかけている。遺言書を書かせようとしているのがわかる。このままでは、浪男に財産をとられ、遊びに使われてしまう。勇蔵の想いに沿った遺産分割をするにはどうすればいいのか。

認知症がひどくなる前に遺言を

認知症になったことを利用して、まわりの人間が自分に都合のよい遺言書を書かせようとすることがあります。中には、介護施設に入れ、ほかの親族と接触させないようにして、囲い込む人もいます。もちろん、遺言書を無理やり書かせても、認知症であることが証明されれば無効になる場合があります。また、認知症かどうかを医師が判断する基準もあります。しかし、症状によっては無効にならないケースもあります。認知症や大病を患う前に、自身の気持ちを反映させた遺言書を書いておきましょう。

とはいえ、遺言書というと書くのがたいへん、と思う人もいます。しかし、民法改正で遺言書の作成が身近になりました。以前は、不動産なら所在や面積など、すべてを手書きで書かなければなりませんでした。

ところが、改正により、財産の詳細については財産目録を添付しても良い、また、ワープロ書きでよくなりました。

資料はコピーでもよいことになりました（2019年1月13日施行）。

○土地…全部事項証明書（登記簿謄本のようなもの）のコピー

○預貯金…通帳の写しのコピー

このように、わざわざ手書きしなくてもよくなったのです。

条件は一つだけ。すべてのページに署名・押印することです。裏面があるページは裏面にも押印しなければいけません。そのほかは、別段決まりはありません。割り印も不要です。ホチキスどめは指定されていませんが、とめておかないとばらけてしまうので、とめるようにしましょう。

遺 言 書

1. 私が持っている別紙1の土地を
長女翔子（昭和44年10月5日生）に相続させる。

2. 私が持っている別紙2の財産のうち、品川銀行の預金
を二女有紀（昭和46年8月7日生）に相続させる。
浜松町銀行の預金は長女翔子に相続させる。

20XX年4月1日

埼玉県品川市南

山本

遺言書
本文は手書きで。

別紙を活用して
遺言をラクに残そう！

別紙

1. 土地
所在　埼玉県品川市南蒲田15丁目
地番　99番1
地目　宅地
地積　200平方メートル

2. 預金
品川銀行港南支店　普通預金　口座番号1234
浜松町銀行港南口支店　普通預金　口座番号5678

山本　勇蔵　（山本）

別紙
財産の目録はワープロ書きも認められるようなりました。

山本勇蔵　印
署名は自筆で。
印鑑は三文判でもOK。
ただし、1ページずつ署名・押印が必要。

別紙に記述すべきこと

土地など	所在、地番、地目（宅地、農地など）、面積
預貯金	金融機関名、支店名、普通か当座かの別、口座番号
電話加入権	電話番号と所在場所
書画骨董など	品名、作者名、写真など

別紙は以下の資料のコピーも可

土地、建物	全部事項証明書（登記簿謄本）
預貯金	通帳のコピー（表紙・表紙の裏側の面・残高面）
上場株式	証券会社の残高証明書、または株券のコピー
ゴルフ会員権	預託金証書のコピー

Column
コラム

成年後見制度

弁護士 中川先生に
教えていただきました

成年後見制度とは

認知症や精神障害などで判断能力が不十分になった方々は、一人で、生活費を管理したり、賃貸借契約や介護サービスの契約をしたりすることが難しくなる場合があります。場合によっては、判断能力が不十分であることを利用され、不利益な契約を結ばされる危険性もあります。そういった方々を保護し、支援するのが成年後見制度です。

成年後見制度は、大きく分けて「法定後見制度」と「任意後見制度」に分かれます。

法定後見制度とは

法定後見制度は、判断能力が欠けているのが通常の状態の方が対象となる「後見」、判断能力が著しく不十分な方が対象となる「保佐」、判断能力が不十分な方が対象となる「補助」の三つに分かれます。法定後見制度は、全く意思疎通ができない方のみが利用できる制度と誤解されている方もいますが、意思疎通もでき生活費も管理できるが、一人で契約を結ぶのはちょっと……という方でも「補助」という形で法定後見制度を利用することができる場合があります。

本人の判断能力の程度や本人を取り巻く状況などを考え、裁判所がふさわしいと考える人を法定後見人に選びます。裁判所に申立てを行う際、この人を法定後見人にしてほしいと候補者を推薦することができます。候補者が法定後見人となることについて、反対する人がいない限り、裁判所は、候補者を法定後見人に選ぶことが多いようです。

なお、裁判所のトップに位置する最高裁判所は、2019年3月18日、法定後見人には身近な親族を選任するのが望ましいという考え方を示しています。

法定後見制度を利用してしまうと遺言を書くことができないと誤解されている方もいますが、保佐・補助の制度を利用している方の場合は、遺言の内容を理解できる状態であれば、遺言を作成することができます。後見の制度を利用している方の場合でも、医師二名以上の立ち会いの下、判断能力が回復した状態で遺言を作成し、立ち会った医師が遺言を作成するとき判断能力を欠く状態ではなかったことを遺言に付記し、署名・押印したものであれば遺言は有効となります。

弁護士等の専門家が成年後見人となった場合は、管理する財産の額に応じて年数十万円の報酬を支払います。

任意後見制度とは

将来、判断能力が低下したときに備えて、あらかじめ自分が選んだ人と、公証人の作成する公正証書で任意契約を結んでおき、後見が必要な状態になったときは、その人に財産の管理や生活面での補助をやってもらう契約のことです。同じ後見と名がついていても、その性質は異なります。

Column
コラム

信託制度

弁護士 楠部先生に
教えていただきました

信託制度とは

信託制度は、財産を持つ者（委託者）が、特定の者（受託者）に、一定の目的に従って、その財産の管理、運用や処分などを託す制度です。信託の対象となった財産の所有権は委託者から受託者に移り、受託者のみが、その資産を管理、運用したり、処分したりできるようになります。一方、委託者は、「受益権」（受託者から利益等を受け取る権利）を定めることができます（いつ、誰に、どのような利益や資産を交付するか等、受益権の内容は信託契約などにより定めることができます）。

委託者が死亡したとしても、信託関係は終了しません。したがって、信託制度を利用すれば、たとえば、死後、自分の指定する者に受益権を与えて、その人に指定する資産を承継してもらうこともできます。このように、信託制度を利用して、あらかじめ死後の財産の配分等を定めることができる点で、遺言と同様の効果を実現することできます（自らの死亡により、特定の者に受益権を与える信託のことを、遺言代用信託と呼ぶことがあります）。

商事信託と民事信託

信託制度は、大切な財産を託す制度ですから、受託者は信頼できる者でなければなりません。

そのため、営利目的で業務として（営業として）信託の引受けを行うことができる者、すなわち受託者となれる者は、免許を受けている信託会社などに限られています。

一方、営業として信託を行っていないが信頼できる者、たとえば子などを受託者として、資産の管理等を託すこともできます。

一般的に、前者の信託会社等に資産を託す信託のことを商事信託、後者の信託のことを民事信託（家族信託などと言われることもあります）といいます。

商事信託は、プロに資産の管理を任せることができるので安心感があります。ただ、信託銀行等には、資産の種類や目的に応じて様々なサービスがあり、信託銀行等ごとにその内容が異なることもあります。資産の種類や目的、費用など、どのサービスをどのように利用するか、よく検討する必要があります。

民事信託は、信託する内容を比較的自由に決めることができます。ただし、家族等の信頼できる者の中に、資産を託すことができる者がいるか、残された家族の間で紛争が起きないかなどを検討する必要があります。

制度設計や税金等、専門家に相談を

いずれの方法を選択するにしろ、どの資産をどのように残すか、税金の点で不利益が生じないかなど、検討する必要があります。

信託を用いる場合にも、専門家に相談するとよいでしょう。

インタビュー

知っておきたい お墓と葬儀のこと

残された家族に迷惑をかけたくない。そのためには、お墓と葬儀の準備はしておきたいものです。とはいえ、滅多に経験することのない葬儀。どのような準備が必要なのでしょうか。葬儀から墓地の埋葬までを幅広く請け負う、なぎさグループ鳥居さん・高井さんに聞いてみました。

なぎさグループ鳥居さん（左）・高井さん（右）

―最近、葬儀の形式が変わってきているように思うが？

従来、葬儀といえば、お通夜、告別式、火葬という流れがあり、親族、友人などが集まり、故人をしのびながらお別れをするのが一般的でした。最近は、お通夜のない一日葬や家族だけで執り行う密葬など、簡素化が進んでいます。

葬儀の種類と特徴を説明しましょう。

葬儀は「葬儀の流れ」「通知の範囲」「費用の負担者」をどのようにするかで名称が変わり、特徴が分かれます。葬儀の流れは通夜から告別式、火葬という順序になります。一日葬は通夜を省き告別式、火葬のみ。直葬（火葬式）は病院から火葬場へ直接搬送し、通夜、告別式を行わず火葬のみを行う形式を指します。

また、家族葬は「通知の範囲」を近親者のみに絞り、家族や普段交流のある親戚、家族同等の友人だけという少人数の葬儀になります。密葬は、家族以外の人には全くお知らせしない点が特徴です。

三番目の「費用の負担者」は社葬と合同葬があり、故人が経営者などで、葬儀費用を会社が負担するならば社葬。遺族と会社が負担する場合は合同葬となります。

―密葬なら家族の負担が軽くなる？

密葬は必ずしも遺族の負担を軽くするわけではありません。まず、お金に関する説明をしましょう。交友関係が広い故人ならば、一般葬にすると弔問に訪れる人が多くなります。すると、香典が多く集まるので、収支は密葬と変わらないこともあります。また、地方によっては、町内の人が亡くなると、皆が集まりお金を出し合うことが慣わしになっているところもあります。香典が集まる分、一般葬のほうが黒字になるケースがあります。

密葬や家族葬のデメリットは、後

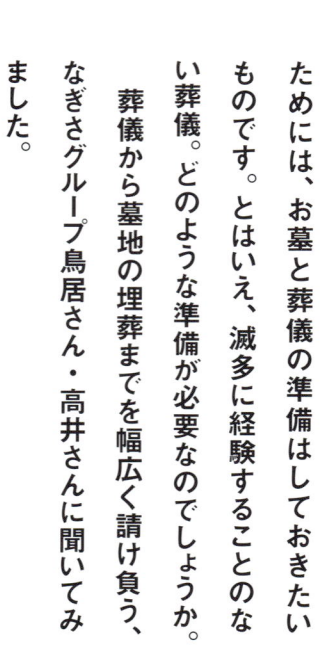

日、亡くなったことを知った人たちがお悔やみを述べに自宅を訪れると、遺族が対応に追われてしまう点です。中には、なぜ知らせてくれなかったのか、と不満をぶつける人もいます。

自身の葬儀を密葬や家族葬にするかどうかは、交友関係を見直し検討するとよいでしょう。また、友人や親類に対しては、生前に、「死亡を知らせる範囲を狭めたいのだが……」などと相談しておくと、残された家族の負担を減らすことができます。

—葬儀社を選ぶポイントは?

葬儀社選びのポイントの一つ目は、葬祭ディレクターがいるかどうかです。葬祭ディレクターとは、葬祭業に従事するにあたり必要な知識や技能レベルを審査し認定するものです。一級と二級があり、一級の受験資格には葬祭実務経験を五年以上有することが定められているので、認定を受けた人は経験から培われた知識と技能があります。

—よいお葬式にするための秘訣は?

よいお葬式にするには、三つの「たくさん」をお勧めします。一つ目は「たくさんわがままを言う」です。自身の葬儀については、とかく遺族の負担を考え遠慮がちになりますが、私はもっとわがままを言ってよいと思います。葬儀は故人を見送るためのセレモニーです。ただ、それだけではありません。葬儀は子どもにとっては最後の親孝行の場でもあります。親孝行をさせてあげることで、子どもたちの心が浄化されたり、前を向けたりする例をいくつも私は目にしました。親としては、子どもに負担をかけさせたくない、と考えがちですが、必ずしもそれがよいとは限りません。

二つ目は「たくさん話す」です。自身の要望を遺族に話すことが大切。ある方は「私が死んだら町内を一周してほしい」と妻に話していたそうです。亡くなり、病院から自宅へ車で戻る時、奥様と一緒に慣れ親しんだ町を、車の窓を少しだけ開けて一周しました。「この店で美味しいものを食べたね」「ここは友達の○○さんの家だね」。故人の願いがかないました。これは、奥様に伝えておいたからできたことです。家族全員を巻き込んで、元気なうちに話し合うことをお勧めします。

三つ目はたくさん見て回り、比較し選ぶことです。とはいえ、葬儀の準備を億劫に感じる人もいます。

ただ、私の知り合いで、病気を患ったことをきっかけに、墓を決め、遺影撮影まで準備した人がいます。その人は、病への不安が吹っ切れたのでしょうか。その後、以前よりも元気になりました。

—少子高齢化時代のお墓とは?

日本の社会には、亡くなったら

》葬儀の流れによる違い

	一般葬	一日葬	直葬（火葬式）
通夜	○	なし	なし
告別式	○	○	なし
火葬	○	○	○

》知らせる範囲の違い

	一般葬	家族葬	密葬
範 囲	親交のあった人全般 （例）家族、親族、友人、知人、仕事の関係者、町内会など	家族、親交のある親族・友人、親しい人を中心に	家族のみ
人数の目安	制限なし	10〜15名程度	数名以下

》費用を負担する者の違い（社葬等）

社葬	合同葬
会社が費用を負担	会社だけでなく、家族も半分程度負担

※会社の社長や有名人などは密葬の後で、本葬（しのぶ会、お別れ会）を開くこともあります。

先祖代々のお墓に入り、長男が墓を守るという家が多くありました。ところが、近年では埋葬の仕方が多様化し、先祖代々の墓には入らず、夫婦で実家とは別のお墓を建てる方も多くいます。中には、お墓はいらない、遺骨は山や海にまいてほしいという声も多く耳にします。

また、お墓に関する悩みは多く、たとえば、実家のお墓が遠方の場合、墓参りが体力的に負担になり、この先、いつまで墓参りができるか不安に思う方もいます。

おひとり様やお子様がいない方は、先祖代々のお墓はもとより、自身のお墓すら、誰が管理するのか、そして管理者がいない墓は将来どのようになるのか、心配に思う方も少なくありません。

―実家のお墓が遠く墓参りの負担が大きいのだが。

対処法は二つあります。一つ目は改葬といって、お墓の引っ越しです。ただし、勝手に移してはいけません。引っ越し先として新しい墓を用意することが一点。そして、新旧、両

》葬儀の費用（目安）

●：費用がかかる　▲：必要に応じて、あるいは希望に応じてかかる　◆：金額が安くすむ　×：なし

	一般葬	一日葬	家族葬	直葬（火葬式）	費用の目安〈例〉
祭壇・装具一式	●	●	●	×	六浦霊園 パック料金で35～350万円＊
車両（式場から火葬場までの送迎、マイクロバス、ハイヤー）	●（移動距離が短ければ不要）	●（移動距離が短ければ不要）	▲（参列者が少ない分安くなることも）	×	
式場	●	◆（通夜の分は不要、費用を抑えられる）	●	×	横浜市 火葬場に併設された式場を利用 横浜市民：1室8万円 大ホールは22万円 市民以外：1室12万円 大ホールは33万円
生花、花環	▲	▲	▲	×	六浦霊園 ひとつ1万5,000円～
火葬料金	●	●	●	●	横浜市 市民1万2,000円、市民以外5万円
参列者への返礼品	●	●	◆（参列者が少ない分、費用を抑えられる）	×（家族以外の参列者がいるときは必要になることも）	六浦霊園 1,000円～×人数分
通夜・告別式の料理	●	◆（通夜の分は不要、その分費用を抑えられる）	◆（参列者が少ない分、費用を抑えられる）	×	六浦霊園 3,500円程度×人数分 ほか飲み物代がかかる
お布施（お寺などに払うもの）	▲（宗教により不要）	◆（宗教により不要、読経料は通夜の分は不要、その分費用を抑えられる）	▲（宗教により不要）	×（希望することも可能）	六浦霊園 仏教、葬儀謝礼 20万円～ 戒名料 10万円～

※その他（火葬場での休憩室利用、後飾り祭壇、貸衣装など希望に応じて手配）

＊パックの内訳
35万円パック：祭壇、棺、棺布団、仏衣、収骨容器、ドライアイス、遺体保全料、白木位牌、受付用具、焼香用具、遺影写真、枕飾り、寝台車
100万円パック：35万円パック＋祭壇ランクアップ＋霊柩車、式場大看板、音響設備、案内看板、会葬礼状、門前提灯などが追加
350万円パック：100万円パック＋祭壇ランクアップ＋供物（果物盛合わせ、菊花糖）、遺体ケア（湯かん、ラストメイク）、ハイヤー、マイクロバスなどが追加

方の墓地で証明書を受け取ったうえで、実家の墓地がある市区町村に許可をもらうといった手続きが必要になります。

実家の墓は墓石などを撤去し更地にして、墓の管理者に返します。墓石はリサイクルしないので粉砕が必要です。改葬の費用（当社）は畳二畳分の広さ、3・3㎡で33万円になります。霊園や寺によっては墓の供養が必要なところもあります。当社では希望者のみ、一律3万円、車代が5000円になります。このほか、別途寺への支払いが生じる場合もあるので、事前に墓の管理者に確認しておくとよいでしょう。

二つ目は、墓そのものを閉じる「墓じまい」があります。改葬は許可、手続きが必要ですが、骨を墓から出すだけならば許可がなくてもできます。ただし、改葬と同じように、墓は更地にして返します。取り出した遺骨の扱いは寺や霊園によって異なりますが、当霊園ならば無縁仏が入る、集合永代供養墓に移ります。

―墓石なしの墓が話題の理由は？

子どもに負担をかけたくない、墓の継承者がいないといった悩みを解決するものとして、墓石を持たない埋葬が話題です。具体的には散骨や永代供養墓などがあります。散骨から説明しましょう。世を去った後は自然に戻りたいと願う人がおり、自然回帰ができる葬送として「散骨」が注目されています。これは山や海に遺骨をまくもので墓の用意が不要です。加えて、一般の墓は毎年、霊園や寺に墓の管理料を支払わなければなりませんが、散骨にすると不要になります。

墓は「草木があって日が当たり土のあるところに眠る」と書く、と鳥居さん

―永代供養墓とは？

墓参りをする人がいない墓に対して、寺院や霊園が代わって、管理や供養をする埋葬方法をいいます。ただ、永代と銘打っていますが、多くは33年などの期限を設けるところが多くあります。種類は、木の下に遺骨を埋葬する「樹木葬」、骨壺に入れた遺骨を安置しておく「納骨堂型」のほか「墓石型」などがあります。当霊園の永代供養墓は墓石型で、大きな共同のお墓の下に人が往復できるくらいの広い納骨堂が用意されており、そこに骨壺を納めます。個々の墓石がないので故人の名前は刻まれません。ただ、名前が残らないのは寂しいという人もいます。そのような方には、表札に名前を刻む銘盤型、ミニチュアの小さな墓石を用意する石碑型があります。夫婦で申し込むこともできます。御主人が先に逝かれ、奥様が亡くなったときは、遺骨はご主人の隣に置かれます。その後、骨壺を33年間（※）保管するようになっています。期間が過ぎたあとは、無縁仏が入る、集合永代供養墓に移り、遺骨は土に返します。移した後はお骨を返すことができなくなります。このほか、永代供養墓の形として最初から集合永代供養墓に埋葬する合祀型

永代供養墓・墓石型。個別に小さな墓石を建てるタイプや表札タイプがある。

※33年で弔い上げといわれ、死者が仏様・ご先祖様になると考えられているから。

があります。

　永代供養墓のメリットは管理費が不要な点です。最初に永代供養料を支払えば、その後の年間管理料は不要です（霊園や寺によっては、管理費が必要なところもあるので事前に確認しましょう）。

―遺族に迷惑をかけないために事前にしておくことはありますか。

　希望を具体的に伝えておくことが大切です。「なんでもいいから任せる」というのは、遺族にとってよいこととはいえません。細かく話を訊くと、「集合永代供養墓での埋葬は、他の人と合同で墓に入るからイヤだ」「墓石がないタイプだと自分の名前が刻まれないからダメ」などと、希望はあるものです。詳細に希望を伝えておくとよいでしょう。

　あるいは、生前に墓の契約を済ませておくのも手です。葬儀のあと、家族があわただしくお墓を選ぶことがないので、負担を軽くすることができます。

墓の費用の例

●：必要　▲：墓地により必要、希望により可能　×：不要

	一般の墓	永代供養墓	永代供養墓・ミニチュアの石碑あり	納骨堂	樹木葬
永代使用料	●	●	●	●	●
墓石	●	×	▲（小型の墓石を用意）	×	×（小型のプレートを用意できるところもある）
価格例	六浦霊園 3㎡タイプ約420万円 6㎡タイプは1,000万円超 （永代使用料、外柵、墓石、地上型納骨棺、工事費、基本彫刻費）	六浦霊園 おひとり様30万円 夫婦で50万円	六浦霊園 120万円・ 2名まで納骨が可能	横浜市営の霊園 47万5,200円 （1名のみ） 都内の霊園 80万円 （2名、最大8名まで）	横浜市営の霊園 約12万円 都内の霊園 50万円～100万円 （管理料込、1名のみ）
供養	▲	▲	▲	▲	▲
管理料	●	×	×	●	×（墓地によっては必要になるところもある）

永代使用料……墓所を使用するための費用。一度支払えば子どもに名義人が変わっても支払い不要。地域により価格はまちまち。1.5m²、都内平均は約360万円、六浦霊園では90万円。

墓　　石……色、形、種類により価格はまちまち。墓石を買う費用のほか設置するための工事費用などが必要。

供　　養……お墓を新しく購入するときは、開眼供養（僧侶を招いて読経をする）をする。墓地によっては希望者のみ行えばよいところもあり。

永代供養墓……春・秋のお彼岸に霊園側でお寺様を手配してくれて、供養を永続的にしてくれます（無料）。

3㎡タイプのお墓の例

〔なぎさグループ　https://www.nagisa-group.com/〕

終活とお金の準備

老後に年金のほか2,000万円の貯蓄が必要!?　という報道があり、
慌てた方も少なくないのでは？
ご自身の「終活」と、残される家族に迷惑をかけない
ためのお金にまつわる話について、
ファイナンシャルプランナーの畠中雅子先生に伺ってみました。

家計簿より貯金簿

　老後の資金、いくらあれば大丈夫か不安に思っている方は多いと思いますが、そもそも、毎年どのくらいのお金を使っていて、年間の貯金額がいくらかを即答できますか？　ファイナンシャルプランナーの畠中先生も「一年間でいくら貯金が増えましたか？　と聞いてすぐに正確に答えられた人は過去にひとりもいませんでした」とおっしゃいます。とはいえ、今から毎日家計簿を……と思ってもなかなか億劫。そんな方に畠中先生がおすすめするのが「**貯金簿**」です（次ページ表参照）。

　貯金簿は、預貯金、保険、運用商品等のプラスのお金と、住宅ローンなどのマイナスのお金を一定期間ごとに記載するものです。パソコンで作らなくても、大学ノートに線をひいて記載するだけで十分です。自分の貯蓄額の推移を正確に把握することが大事だからです。

　貯金の苦手な人は（終活世代にありがちな）保険で貯金をしている人も少なくないと思います。払った以上戻ってくる保険に入っていても、家計簿では支出にしかなりません。貯蓄性のある保険は現時点での解約返戻金や支払い総額を書いておきましょう。投資の配当があったり預金利息があったりなど、貯金簿なら積みあがっていくお金も見えてきます。

「年金受給者は二ヶ月ごと（年金受給月ごと）の記載をすすめています。会社員等でボーナスがある方は最低でも年に二回は記入するとよいでしょう」と畠中先生。

　余白に、旅行、入院など、毎月ではなく特別な支出があったときはその内容も記入しておきましょう。

年間の赤字額を知る

　次に、三ヶ月など一定の期間だけ頑張って家計簿をつけて、それをもとに年間の赤字額を把握します。年金暮らしになると、減る一方の家計になるわけです。

「たとえば95歳まで生きると考えたら95から今の年齢を引いて、その年数かける赤字額マイナス今ある貯蓄額を計算します。それによって、どのくらいの金額が必要なのかがわかるわけです。１００歳まで生きると

いわれる時代ではありますが、試算では95歳でよいでしょう。いくら減って、いくら残るのか。老後にどのくらい必要かがつかめます。実額で赤字をつかんで、足りるかどうか、確認していただきたい」と先生もおっしゃいます。

　介護費用は別途見積もりますが、生活に必要な額はこの計算でつかめます。年間の赤字額が100万円を超えているような人などは2000万円の貯蓄があっても足りないこともあり得ます。逆に年間30万円の赤字だったら2000万円も必要ないことがわかります。

年間赤字額30万円の場合の必要額(目安)

95-65=30年
30年×赤字額30万円
➡900万円の貯蓄が必要!

貯金簿と照らし合わせて準備

「定年後は減っていく一方の家計になります。マイナスになることが悪いのではなく、マイナスのペースがわからないことが問題なのです。貯金額が残ることがわかれば安心できますし、残らないようならば、生活の見直しをします」

　貯金簿と照らし合わせて、残りの金額を確認します。残りが少ないなと感じたら、生活の見直しをまずします。老後破産のリスクが高いのは、貯蓄額が少ない家計よりも、支出が多い家計です。

死後に必要なお金を知る

　遺言を書くことを考え始めた世代が気になり始めるのが、自分が亡くなったときにかかるお金のことでしょう。「葬式代くらいは……」というセリフをよく聞きます。

　葬儀費用の目安はP38にも掲載してありますが、「子どもに支払いの負担をかけたくない」「貯金簿でみると長生きしたら残りがなくなりそう」「ひとりなので葬儀を出してくれる人がいない」という方におすすめなのが葬儀保険だと畠中先生はおっしゃいます。

貯金簿の例（貯金が増えている現役世代の例）

金融商品・貯蓄性のある保険・運用商品など				2018年12月	2019年6月	2019年12月
預　金	夫	A銀行 新宿支店	普通預金	349,203	356,473	356,482
			定期預金	1,554,437	1,554,443	1,554,443
		B銀行 銀座支店	普通預金	398,562	374,627	328,473
			定期預金	2,206,944	2,207,004	2,170,022
	妻	B銀行 新宿支店	普通預金	389,482	263,532	223,847
			定期預金	1,295,833	1,295,987	1,296,001
		C銀行 東京支店	普通預金	283,758	132,330	129,848
			定期預金	2,239,586	2,240,293	2,483,921
小　計				8,717,805	8,424,689	8,543,037
保　険（貯蓄性のある保険のみ）	夫	D生命	終身保険(月1万2,000円)	312,000	384,000	456,000
		E生命	医療保険(貯蓄部分月5,000円)	265,000	295,000	325,000
	妻	D生命	終身保険(月8,000円)	368,000	416,000	464,000
			個人年金保険(月1万円)	280,000	340,000	400,000
小　計				1,225,000	1,435,000	1,645,000
その他商品（時価を記入）	夫	F証券	株式	3,473,826	3,874,824	3,746,732
		G証券	確定拠出年金	1,274,839	1,304,922	1,312,382
	妻	F証券	投資信託	1,583,923	1,574,834	1,698,333
小　計				6,332,588	6,754,580	6,757,447
貯蓄合計				16,275,393	16,614,269	16,945,484
貯蓄増減				53,746	338,876	331,215
その他ローン残高						
その他ローン増減						

「葬儀保険は主に少額短期保険会社で扱っている保険です。契約者本人が亡くなったら、生前に希望した葬儀を執り行い、葬儀費用は葬祭会社に保険金から直接支払ってくれる商品もあります。今から貯金を増やすことが現実的でないなら、葬儀保険で準備するのもひとつの方法です」

保障が99歳まで継続する商品もありますし、加入の健康条件も面倒な医師の診察や診査は不要です。これからなにがあるかわからない人生100年時代に、家族がいなくなってしまった場合でもお葬式はあげられる。最後の後始末はきちんとできるということは安心材料になります。

最期にどうしてもらいたいか、死後はどうするのか、想いを記しておくことで、自分の遺志を叶えることができる時代になりました。遺言書作成を死後のことを考えるきっかけにしてはいかがでしょうか。

手元に多額のお金を置かない

「オレオレ詐欺で失ったり空き巣でとられたりしないように。我が家なんて3回も空き巣に入られています。あなたにもあり得ますよ。葬式代をもっていかれちゃったら、ほんとうにショックですよね！」と畠中先生。タンス預金は少額にとどめるのが得策です。

それでも、残された家族に支払いの面倒をかけるのが心配という方におすすめの情報です。生命保険には、一定額を即時払いしてくれる制度があります。たとえば2000万円の生命保険金の一部300万円を、請求すれば即日または翌日受け取れる制度などがあります。

すぐに受け取れる金額は会社によって違います。あなたの保険も対象かもしれませんので、いまのうちに契約の保険会社に確認しておきましょう。

「亡くなったときは自分の口ではもう言えませんから、確認した内容をポストイットに書いて保険証書に貼っておけば、残された方が葬儀代や病院費の急場の支払いに助かります。銀行でも、遺産分割協議を待たずに一部を引き出せる制度もありますので、銀行に確認してみるのもよいでしょう」と畠中先生。また、民法改正により、新たに2019年の7月1日以降相続人は一定の金額であれば、他の共同相続人の承諾なしで預貯金を引き出すことが可能になりました（上図およびP19）。家には100万円単位のお金はおかないのが鉄則です。

［相続人単独で引き出し可能な額］

故人の預貯金債権額 × $\frac{1}{3}$ × その相続人の法定相続分 ≧ 金融機関ごとに150万円

➡各金融機関で上限150万円となります。

有益な情報を逃さない

終活世代の皆さまにお伝えしたいのは、特にお金に関する情報を逃さないことです。日々情報は新しくなっていくので、前に聞いたから……と放っておかないで、新しい情報をキャッチアップしておくことと、忘れないように記録しておくようにしましょう。

「最近は皆さまスマホをお持ちなので、大事なメモは、写メしておくのもシニアにはよいと思いますよ。写メにしてスマホのお気に入りに保存しておくととても便利です。私もよく活用しています。そして、あわせてパスワード・ノートも作っておきましょう。私は基本の組み合わせを三パターン使っています。どの組み合わせを使っているかがわかるように文字数を書いておき、組み合わせについては娘だけに教えています」

認知症になるまえに、子どもや親しい人だけに教えておきましょう。

残された人の手間を減らす新しい埋葬方法

葬儀費用について残された人に迷惑をかけないだけでなく、負担をかけない埋葬とその後のことも気にかかっている方が多いのではないでしょうか。畠中先生もファイナンシャルプランナーというお仕事を通して、埋葬のことを質問されることが増えていて、新しい埋葬方法「海洋散骨」と「樹木葬」を見学に行かれたそうです。そのお話をうかがってみました。

海洋散骨で見送る

海洋散骨は、現時点での法律的な縛りはありません。海洋散骨の業者が協会を作り自主規制で遺骨の処理や散骨の仕方についてルールを作っているようです。

「海洋散骨についてクライアントから尋ねられることもありましたが、実は最初は否定的でした。遺骨や花がゴミになるのではという疑問もありました。しかし、散骨体験に参加してみたら、完全に溶けるように遺骨の処理をして、何も残らないことがわかりました。どこに手を合わせたらいいのかわからないという問題も、海図GPSで撒いた場所を記録してくれて、命日にそこでお参りするようなこともできることを知って印象が変わりました」と畠中先生。

遺骨は海に溶けるようにパウダー状にして、水溶性の素材で作られた袋などに入れてまきます。専門の業者がやってくれます。すべてまかずに一部残して現代風のきれいな骨壺に入れて手元供養にする方もいますし、合祀する場合も。いろいろな選択肢がありますが、何よりも、散骨した後は残された人に負担はないということが人気のようです。

個人葬で30万円程度。他の方との合同葬にすると、費用も抑えられます。（株式会社 サン・ライフの海洋散骨）

体験ツアーはとても人気があってすぐに埋まってしまうそうです。散骨用の船もとてもしゃれていて素敵でした。どんなものなのか、一度体験してみるとよいかもしれません。

汐のうずに白いお骨の粉が流れていき、お花が舞う様子は、お別れの気持ちを穏やかな大切な時間としてくれることでしょう。

樹木葬という選択も

家族に負担をかけない。お墓参りの負担もかけたくない。しかし、土に眠りたいという方の選択肢として注目されているのが、樹木葬です。家族が自然の風景や花が咲くのを眺めに楽しみに来てくれることを願って、そこに埋葬してもらうということを実現する方法です。

樹木葬は墓石の代わりに樹木の下に埋葬することを一般的にそう呼んでいるようです。個別の木の下に埋葬したり、あらかじめ植えられている大きな木の周りに埋葬したりします。

樹木葬には大きく分けると、個別の納骨場所を区切って埋葬するタイプと、将来的には骨壺からお骨を取り出して他の方と一緒に合祀するタイプがあります。

また、公園墓地のような会社が経営している墓地の樹木葬にするか、お寺の敷地内で樹木葬として埋葬してもらうかも考えどころです。

「お寺でも檀家にならなくても大丈夫なケースはありますが、供養はそのお寺にお願いすることになりますので、その分お値段がはります。民間墓地では経営している会社が倒産してしまうようなこともないとは言えません。後々のことを考えてしっかり埋葬してもらえるところを選んだほうがよいでしょう」と畠中先生。

個別の埋葬をするタイプでは、13回忌で合祀墓のほうに移されるのが一般的です。希望すれば33回忌までというところもありました。合祀されるまでの期間の長さも、選ぶポイントかもしれません。

樹木葬といっても、自由なお墓の形、お花に囲まれるスタイル、樹木の下でプレートに名が刻まれる、個別

樹木葬イメージ

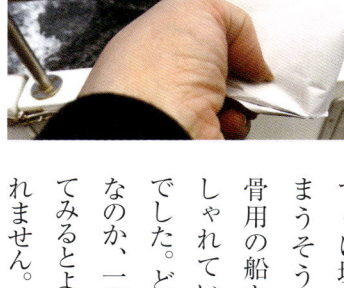

に容器に入れて木の下に埋めるのでばらばらにはならない方式など、埋葬の仕方はいろいろです。

「それぞれ特徴がありますので、予算も考えながら、いろいろと見学されるとよいでしょう。しっかりと守ってくれるところを選びたいですね。終活は、自分の希望を具体的にしっかり言い残すことが大切です。ただ『墓守りは大変だろうから私は樹木葬でよいからね』と言い残すだけではかえって迷惑な話です。早いうちに場所を決めておくことで、子どもや孫と一緒に見学しておくこともできます。お互いの安心感にもつながります。埋葬の費用も考えて次世代に伝えることが大事です」と畠中先生。

家族のいない方でも、花見などに多くの方が来てくれるので、きっと寂しくないですね。

気になる費用は20万円程度から都会型寺院での樹木葬で100万円くらいです。

遺言書とは別に補助ノートを作ろう

死後のことを遺言書の付言事項に記して想いを法的な書式で残しておくことはよいでしょう。しかし、自筆遺言は原則として検認を受けてからの開封となるので、すぐには内容を確認できません（P21）。亡くなった後すぐに必要になる葬儀や埋葬のことについては、補助ノートを作ってそこに記録して、遺言と一緒に保管しておいてはいかがでしょうか。

「希望を書いておくことはとても重要です。悲しみのなかで葬儀や埋葬のことをすぐに決めなくてはならないのは大変だからです。そして、ほんとうに残された家族のことを考えて書くとしたら、お葬式に呼んでほしくない人を書いておくこと。これ、大事ですよ」と畠中先生。

子どもは、親のことを案外わかっていません。よく電話をかけてくる人だとしても、ほんとうは来てほしくなかった人もいる可能性もあります。だからこそ、書き残しておくことが、遺族のためになるのだとおっしゃいます。

「それと、お金にまつわる書類は、わかりやすくまとめておくことも、遺された方に手間をかけないために重要です。保険の請求もれのないように整理して、貯金簿で銀行口座を確認できるようにして、パスワードを伝えておく。少額であってもちゃんと受け取ってもらえるように。お金にまつわるすべてはその方が生きてきた証なのですから」

終活のお金のことで大事なのは、まめに記録する、つまり、メモ魔になること。もれのないように記録して、伝えておくこと。そして、法的に大事なことは、形式に則りきちんと準備しておくこと。これさえ頭にあれば、失敗することはありません。

海外に目を向ける

貯金簿でいくら残るかを確認して、少し余裕があるな、と考えたら、海外に目を向けてみるのもよいかもしれません。

お墓参りが負担だと子や孫に思わせないためには、楽しみの一つ、と思ってもらう方法があります。

たとえば、家族旅行でよく訪れているハワイに墓地を持つというのはいかがでしょうか？　最近人気が出てきている日本人向けハワイの墓地があります。もともと、日系人が多く住むハワイでは、日本式の埋葬も可能です。

楽しみの一つとして、海外旅行を兼ねてお墓参りに来てもらう方法も検討できるわけです。

ハワイには、日本でいうサ高住のような高齢者施設もあります。希望すれば、マンスリーでの契約もできるそうです。高齢者向けの住宅なら、高齢になってもおひとり様になっても、安心してロングステイができます。家族と過ごした思い出の地に埋葬してもらうスタイルも、選択としてはありえるかもしれませんね。

ハワイのサ高住タイプの住宅イメージ

Column
コラム

お墓と葬儀の税金

税理士 平田先生に教えていただきました

葬儀の費用は相続財産から差し引くことができる

葬儀にかかる費用は、本来、遺族が負担すべき費用ですが、被相続人が亡くなったことにより必然的に生ずる費用で、相続財産から支払われることも多いため、相続税の計算上、相続財産から差し引いて、税金を計算することになります。ですから、葬儀をしっかり行うことは、考え方によっては、相続税を低くすることにもつながります。

葬儀費用に該当するもの

①通夜、告別式に際し葬儀会社に支払った費用
②通夜、告別式に係る飲食費用
③葬儀に関しお手伝いしてもらった人などへの心付け
④お寺、神社、教会などへ支払ったお布施、戒名料、読経料など
⑤埋葬、火葬、納骨にかかった費用
⑥遺体の捜索、死体や遺骨の運搬費
⑦通夜や告別式当日に参列者に渡す会葬御礼費用

心付けやお布施など、領収書がもらえないものもあるので、いつ、どこに、いくら払ったのかをメモしておきましょう。

葬儀費用に該当しないもの

以下のものは葬儀費用とはなりません。

①香典返戻費用
②墓碑、墓地、位牌等の購入費用や借入料
③法要に要する費用
④医学上または裁判上の特別の処置に要した費用

お墓の購入費用は含めることはできない

お墓の購入費用は、葬儀費用に含めて相続財産から差し引くことはできません。死後にお墓を建てて、四十九日に納骨をした場合、お墓代金は差し引けませんが、納骨費用(石材店に支払った費用)は葬式費用に含めてかまいません。

初七日の法要を葬儀と同時に行えば葬式費用に

法要に要する費用は葬式費用に含めることはできません。ただし、葬儀と初七日法要を同時に行い、葬儀と初七日法要のお布施や費用が区分されていない場合は、まとめて葬式費用とすることができます。

永代供養料は法要費用

遺族の住んでいるところがお墓から離れているような場合は、お寺や霊園に永代供養をお願いすることが増えています。この場合の永代供養にかかるお金は、法要の費用に当たるため葬式費用に含めることはできません。

散骨や樹木葬の費用は

一般的なお墓への納骨のほかに、最近増加しているのが、お骨を山や海へまく「散骨」や、樹木の下にお骨を埋める「樹木葬」などです。納骨費用は葬式費用に含まれますが、散骨

や樹木葬などの場合はどうなるのでしょうか。

お墓への納骨と同様、それぞれに直接要した費用で領収書等があれば、葬式費用として相続財産から控除できるものと考えられますが、散骨の場所や仕方によっては、葬式費用に含めることに疑義が生じることもあり得ます。あくまでも、社会通念上相当と認められる範囲内のものでなければなりません。

お墓を買ったときは

墓地（土地）の永代使用料には消費税はかかりません。

しかし、墓石を建てる時は、墓石と墓石工事費は消費税の対象となります。また、霊園の管理料も消費税の対象となります。よく、お墓は税金がかからないと聞いたのにかかるじゃないか、とおっしゃる方がいますが、墓石まわりと、墓地の管理料はサービス料なので消費税はかかります。

では、納骨堂や樹木葬はどうでしょうか。

納骨堂や樹木葬の、永代使用料や永代供養料は非課税です。樹木葬に小さなプレートを埋め込むようなときは、プレート代は消費税の課税対象です。

亡くなった方の葬儀を社葬として執り行った場合

社葬を行うことが社会通念上相当である場合は、社葬のために通常要すると認められる費用を、福利厚生費として損金に算入することができます。

「社会通念上相当」とは

社葬が社会通念上相当であるか否かは、故人の会社に対する貢献度等で判断することになります。故人の役職や在任期間、その間における会社に対する貢献度や業界・経済界における地位や貢献度などからみて、会社が葬儀を行うことが妥当かどうかということになります。

合同葬にした場合は

会社役員等が亡くなった場合など、遺族と会社で合同葬を行うこともあります。その場合の費用の分担について、法令や通達等で基準が明確に示されている訳ではありませんが、その分担する費用の額が適正であるかどうかが税務上問題となります。

火葬料や戒名料、骨壺など、故人や遺族に直接かかわるものは遺族の負担すべきものと考えられ、これらの費用を会社が支払ったとしても、社葬費用として損金処理することはできません。香典も遺族が受け取ることになりますので、香典返しの費用も会社の損金とはなりません。

一方で、式の企画運営に要する費用や会場費、読経料などは全額会社の費用とすることも多いと思われます。また、参列者の数に比例するような費用は、その数により按分することも考えられます。

故人の会社での地位や在任期間、会社や社会に対する貢献度、参列者の割合などを総合的に勘案して、費用負担を決めることが重要です。

「社葬のために通常要すると認められる費用」の範囲とは?

以下のものが該当します。

1 社葬の通知、広告に要する費用
2 僧侶へのお布施
3 葬儀場、臨時駐車場の使用料
4 遺骨、遺族、来賓の送迎費用
5 祭壇、祭具の使用料
6 交通整理等の警備員の費用
7 供花、供物、花環、棺の費用、運転手、葬儀委員への心付け
8 受付用テント、照明器具などの使用料
9 遺族、葬儀委員への飲食代
10 受付備品、案内紙、会計備品の費用
11 会葬者への礼状や粗品代

願いをかなえる遺言書2

[埋葬]

父・健二の相続財産

預金	約1,600万円
合計	約1,600万円

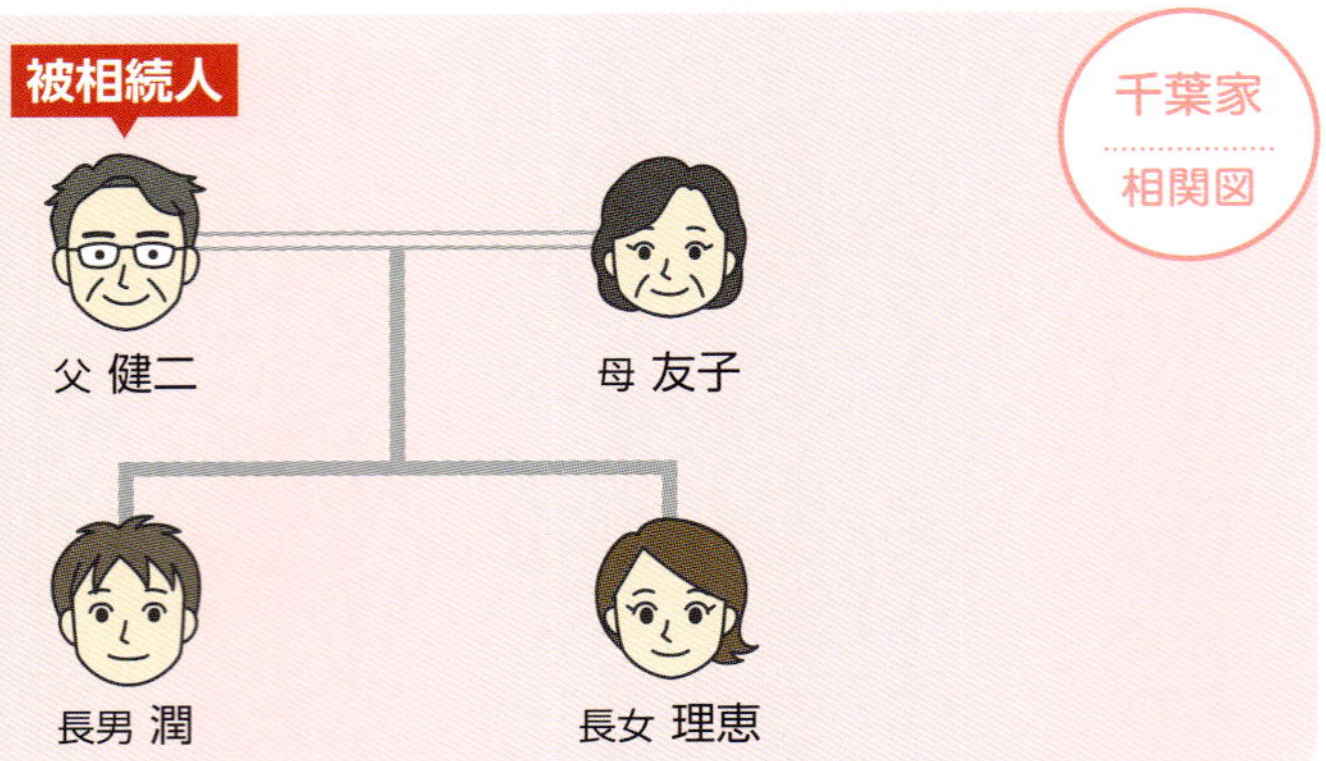

File No. 09

先祖の墓には入れず樹木葬にして

墓じまいを考えている千葉家のストーリー

新幹線の福島駅から在来線に乗り換えて一時間のところに千葉家代々の墓がある。健二は二男であったが、長男が亡くなったため、千葉家の墓守を長年している。ほかに兄弟はいない。

健二は大学で出て来て以来50年以上神奈川で暮らしている。

健二の長男の潤は大阪で仕事に就き、家も大阪市内に購入して家族と暮らしている。長女の理恵は健二の自宅から二駅先の町に家族と暮らしていて、時々子どもたちを連れて健二の家に遊びにきては食事をして帰っていく。

健二は数年前に一戸建ての自宅を処分し、友子とバリアフリーの賃貸マンションに移っていた。福島にある実家の墓の墓参りも、年々体力的に厳しくなってきたと感じていた。今後子どもたちが福島に住むこともないだろうし、お寺に納める金銭の負担をかけることもしたくないので、この際、思い切って墓じまいしようと考え、お寺に相談した。墓じまいは墓を更地にして戻す必要があるといわれたので自分が元気なうちに手続きをすすめるつもりだ。

自分たち夫婦は、神奈川の風光明媚なところで樹木葬にしてもらいたいと考えていて、いくつか見学に行き、海の見える素敵な場所を見つけた。妻友子も気に入ったという。

樹木葬にすれば墓を引き継ぐ必要はないが……

父の健二さんは福島に実家の墓がありますが、そこには入らず、遺骨は木の下に埋葬して自然に帰りたいと思っていました。墓石を設けず、樹木や草花を墓標とする墓の形を樹木葬と呼びます。墓石を建てない分、一般の墓と比べて金額が低くなっています。

健二さんが見つけた霊園内にある樹木葬は契約の時に一括して支払う

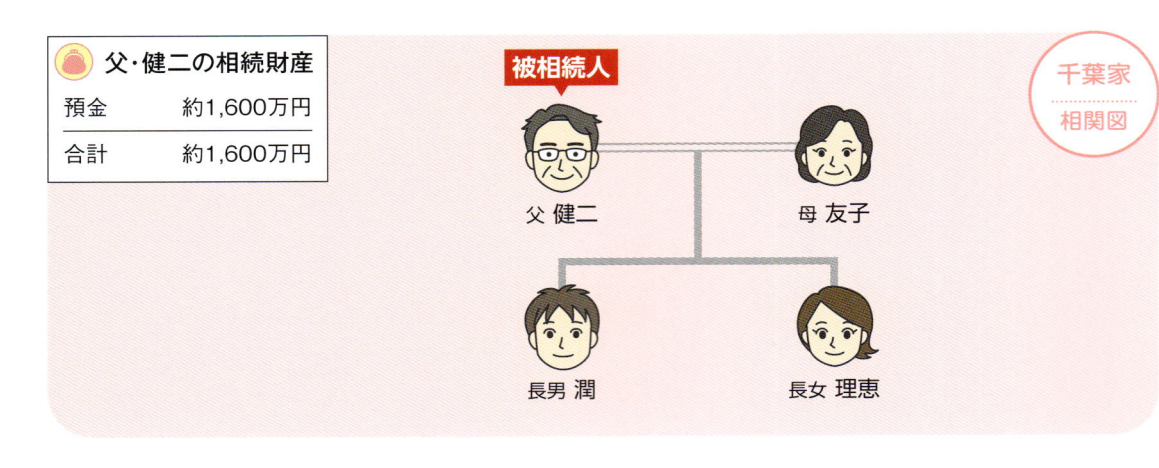

遺　言　書

私が持っている別紙の預金について、次のとおり各相続人の相続分を指定する。

妻、友子（昭和26年1月1日生）　16分の7
長男、潤（昭和51年12月1日生）　8分の1
長女、理恵（昭和55年6月1日生）　16分の7

このほかのすべての財産を妻、友子に相続させる。

【付言事項】
友子へ
墓は生前契約を済ませておいた霊園の樹木葬にお願いします。友子の分も契約をしてあります。書類は書斎の引き出しの中にしまってあるのでよろしくお願いします。
理恵へ
理恵にお母さんの今後を頼みたい。霊園は理恵の家のすぐ近くなので、お母さんを連れて散歩にきてほしい。理恵の相続分を増やしたのでよろしく頼みます。
潤へ
理恵にいろいろと今後負担をかけることになると思うので、潤の相続分が少なくなってしまったが、どうか理解してほしい。

20XX年10月1日

神奈川県品海市59-1-2
千葉　健二（千葉）

書類
墓や葬儀など、生前に契約したものがあるときは、遺族に知らせるために、付言事項に記しておくとよいです。

潤へ
潤さんの相続分が少ない理由は、付言事項で説明しておくとよいでしょう。

税理士よりひとこと

墓の購入費用は相続財産から引けません。
樹木葬をはじめとする墓は生前契約ができるところが多くありますので、生前に墓を購入し、契約を済ませておくとよいです。

だけですみ、毎年の管理料も不要でしたので子どもに今後負担をかけずにすみます。
加えて、ここの樹木葬は、夫婦で入れるようになっていて、友子さんの「お父さんの隣に眠りたい」という願いもかなうものでしたので、さっそく契約をしました。
樹木葬は遺族の負担が少ないといいますが、健二さんは自分が亡くなったときは近くに住む理恵さんがいろいろと面倒をみてくれるだろうと思いました。それに、近くに住んでいる娘一家には生前のように自分の眠る場所に遊びにきてほしいという気持ちもありました。ですので、法定相続分では子ども二人で均等に分けることになっていますが、理恵さんに多く残したいと考えて、上のような遺言書を書きました。

弁護士よりひとこと

健二さんとしては、霊園の近くに住む友子さんと理恵さんの2人で財産を分ける遺言書にしたいところでしたが、それでは潤さんがへそをまげてしまうかも。この遺言書のように、潤さんの遺留分だけは確保して、残りを分けるようにするとよいでしょう。

File No. 10

おひとり様のペット問題

雅子の相続財産

家と土地	約1,500万円
預金	約2,000万円
合計	約3,500万円

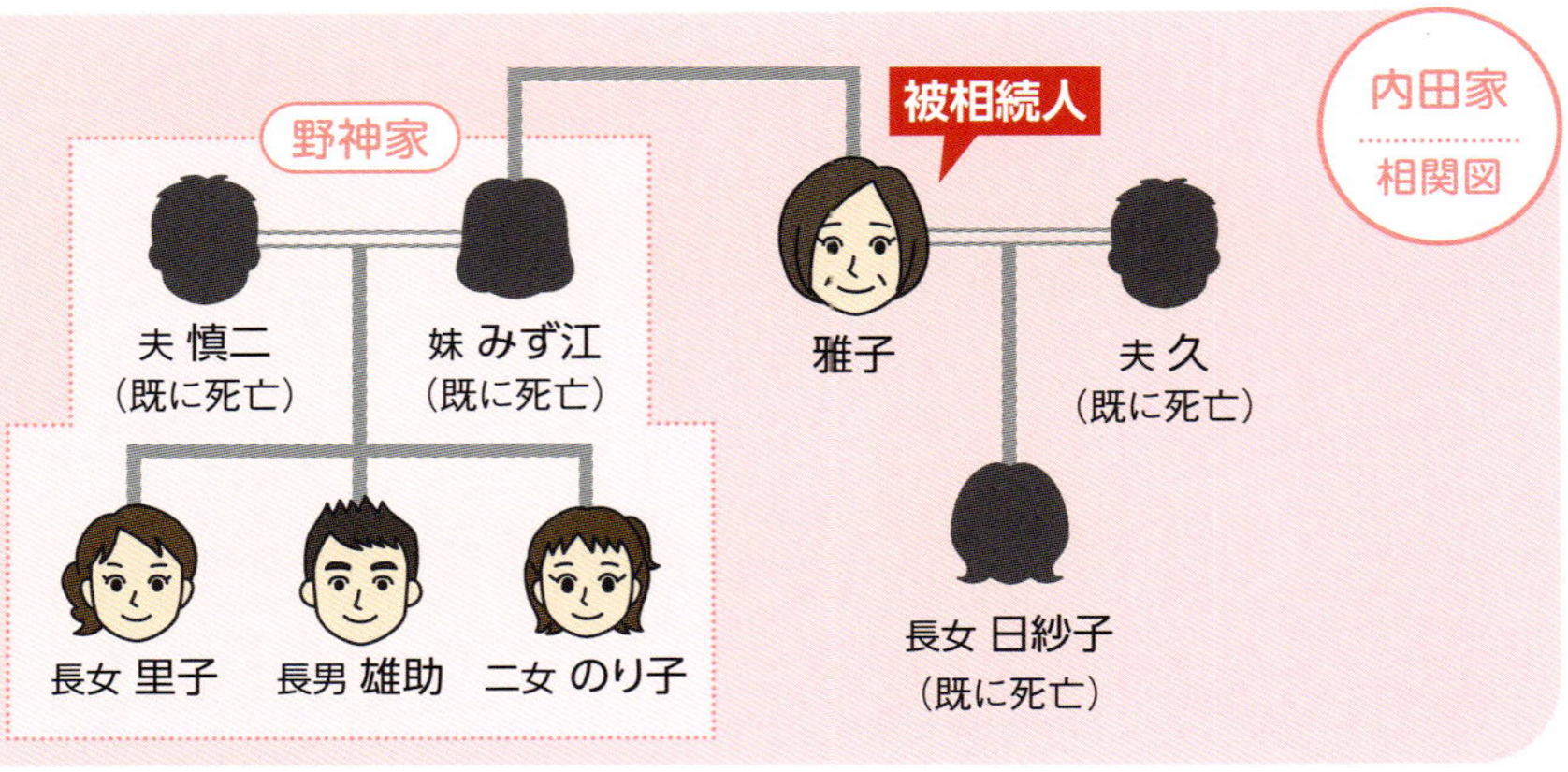

同居はペットだけ 独り身 雅子のストーリー

内田雅子は夫を亡くし、一人娘にも先立たれ、家族はペットの犬だけという高齢者。一人暮らしは8年目になる。たまに、姪の里子（亡くなった妹の娘）が様子を見に来てくれる。

「私が死んだら、財産は里子に全部あげるからね」

雅子には他にも甥の雄助、姪ののり子がいるが、この二人には財産は渡さないつもりだ。

「里子、財産をあげる代わりに一つだけお願いがあるの」

「なに？　私にできることなら何でもどうぞ」

とにこやかに応える里子であった。

雅子は、残されるペットの世話と埋葬の依頼を里子にした。埋葬は夫の久と長女の日紗子の墓があるところにお願いしたいと伝えた。

「大丈夫。私が今住んでいるマンションはペットを飼ってもよいところなの。もともと、私は犬が好き。世話は喜んでするわ」

ペットの世話を依頼 配慮すべき点とは

おひとり様や子どものいない人にとって、自分が死んだら、ペットの世話を誰がするのか、大きな心配事です。遺言書にはペットの世話やお墓のことなど、依頼事項を書くことができます。

ただ、ペットの世話にはお金と労力がかかります。犬ならば、エサ代、病気の治療代などが必要になり、労力としては朝晩のエサやり、散歩、予防注射、亡くなったときの手続きなどがあります。世話を依頼するときは、費用や労力を配慮したうえで、雅子さんのように事前に了解を得ておくとよいでしょう。

ペット好きにとって、ペットは家族の一員です。同じ墓に入り、死後もずっとそばにいたいと願う人もいます。法律上、ペットは物になるため、埋葬されるときは副葬品という扱いになります。ただ、通常の墓地では遺骨以外の物を埋葬することは禁止されているので、ペットを一緒に埋葬することは難しいです。また、副葬品の埋葬が可能な墓地でも、別の家で動物嫌いな人がいると、後々トラブルになることもあります。

最近では、雅子さん一家の霊園のように、敷地内にペット専用の区画を設けているところがあります。ほかにも、人間の墓石のすぐ横にペットの墓石を設け、ペットと一緒に入れるお墓もあります。ただ、ペットが入るスペースが必要になるので墓が大きくなり、その分、価格が一般の墓と比べて高くなります。

遺言書

1、私が持っている別紙の預金、家と土地のほかすべての財産について、姪、野神里子（昭和53年6月1日生）に遺贈する。

2、私はこの遺言の遺言執行者として、1の野神里子を指定する。

【付言事項】

里子ちゃんへ

里子ちゃんは独り身の私のところに遊びに来てくれて、心から感謝しています。私の財産はすべて里子ちゃんにあげるので、犬の世話をよろしくお願いします。

また、私のお墓がある霊園にはペット専用の埋葬地があるので、犬が死んだときはそこに埋葬をお願いします。

令和×年11月1日

神奈川県大森市5-5-2

内田　雅子　（印：内田）

【付言事項】

ペットの世話の依頼、ペットのお墓に関することは付言事項に書きます。

弁護士よりひとこと

兄弟姉妹やその子ども（甥、姪）には遺留分はないので、すべて姪に、という遺言書で構いませんが、面倒でも、財産を特定できるものはできる限り特定するようにしましょう。金融機関によっては、明示していないことを理由に、相続人全員の同意書の提出を求められることがあります。

大浦霊園 イメージ図

ペットと一緒に入れるお墓も

霊園の中には、人間とは別の区画にペット専用の埋葬地を設けているところもあります。また、ペットと一緒に入れるお墓を用意している霊園もあります。

（例）ペットと一緒に入れる墓所　4㎡タイプ、六浦霊園（P38）
価格は永代使用料、墓石など、約430万円～
ほか年間管理料が必要

父の財産が他人に渡ってしまう!?

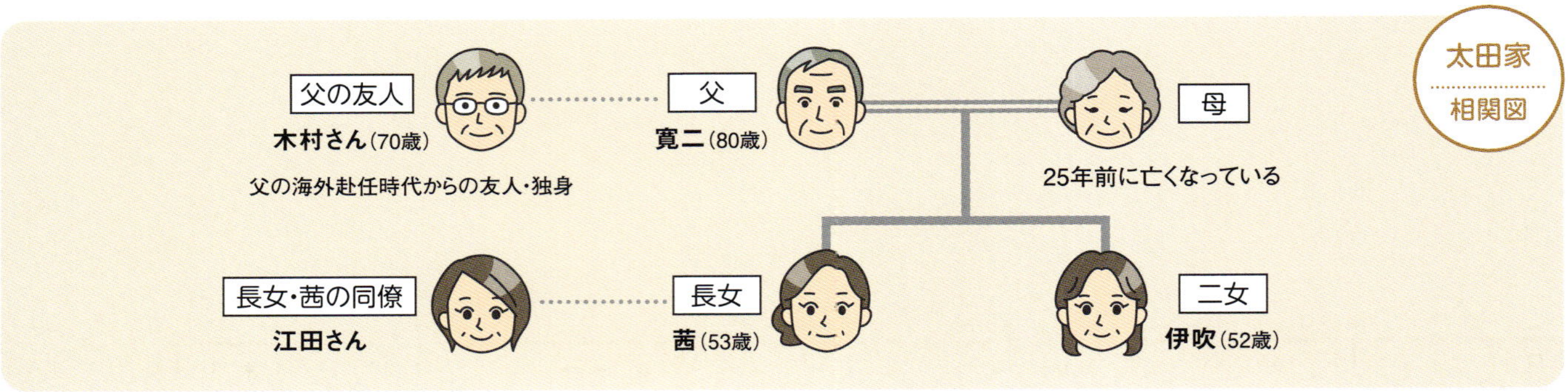
太田家
相関図
父の友人
木村さん(70歳)
父の海外赴任時代からの友人・独身
父
寛二(80歳)
母
25年前に亡くなっている
長女・茜の同僚
江田さん
長女
茜(53歳)
二女
伊吹(52歳)

太田さん、ごはん出来ましたよ～
木村くんありがとう今行くよ～
すまないねえ…君がいてくれて本当に助かるよ
いえいえ、こちらこそ!
太田さんとこうして一緒に暮らせて毎日楽しいですよ
木村さんは寛二さんと海外の赴任先で知り合い意気投合
赴任先から帰国後、寛二さんの自宅で一緒に生活をしている
海外赴任が多かった寛二さんは病の妻の看病をろくにせず、最期も看取れなかった
娘二人はそのことをいまだに許せず、父のもとにも寄り付かなくなっていた――
シンガポールの屋台覚えてるかい? みんなで食べたカニがうまか…
ガタッ
うっ!!
太田さん、どうしました?
太田さん!!
総合病院
とりあえず危険な状態からは脱したようね
そうです、よかったですね…
あなたは、なに、ずっと私たちの家にいるの?
ええ、海外赴任から帰って来た時に、太田さんから声をかけてもらって…

2割加算

相続税が発生する場合は、相続人・受遺者がそれぞれの財産の取得分に応じて相続税を負担するが、取得した相続人・受遺者が亡くなった人の配偶者か一親等の血族（代襲相続人である直系卑属（孫、ひ孫）を含み、孫養子は含まない）以外の場合は相続税が2割加算になる。

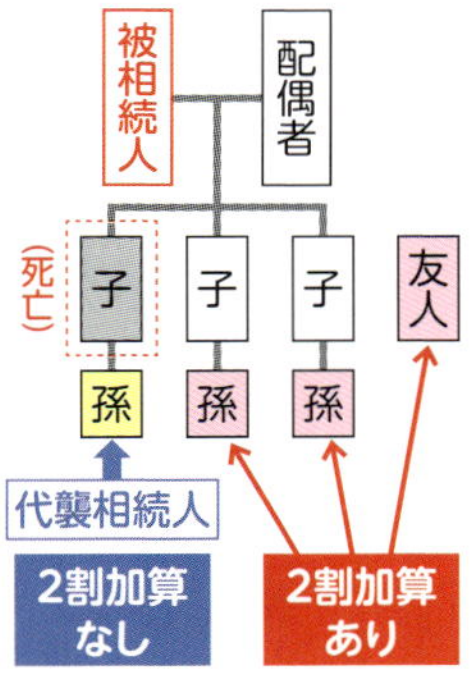

お父さんが木村さんに家を残すっていう遺言書を書くと言ってること
伊吹、どう思う？
お父さんの様子じゃほんとうに遺言書を書きかねないわ
お父さんは弱ってるからあんまりもめたくないなぁ…
お姉さんも私も家はあるし、生活は安定しているから、
あの家は木村さんにあげてもいいかなって私は思うわ
私は今の自分の家に満足しているし、
売るのとか空家問題とか大変そうだし、もう面倒はごめんだわ
介護も勘弁して～って感じ
相続に税金ってかかるのよね？どのくらいかしら
そうなのよ、この前税理士さんに聞いてみたの
基礎控除額 3,000万円＋600万円×2（姉妹2人）＝4,200万円
相続財産が家と預金で合計6,000万円とします。
木村さん
家 4,000万円
茜と伊吹 1,000万円ずつ
預金 2,000万円
このように分ける場合、
茜さん・伊吹さんの相続税の負担分は30万円ずつ、
2割加算が適用になる木村さんは144万円です。
（債務や葬式費用は考慮しない）
後日――
お父さん
老後の面倒は私たちは木村さんにお任せしたいと思うの
お父さんにとっても私たちにとってもそれが一番いいわ
おまえたちには迷惑かけた…
家は木村くんにあげてもお前たちにもちゃんと分けられるように、実は現金と生命保険を準備してある
遺言書にきちんとそのことを書いておくよ
私にももしものことがあった時は葬儀は必要ない
お墓はどうするの？
太田家之墓
母さんの隣に眠ることはおまえたちも納得しないだろ？骨は海にまいてくれるよう、木村くんに前々から話してある
…わかったわ
家族としてはバラバラになってしまったけど、
お父さんに私たちの気持ちも伝えられてよかったわ
木村さんあとはよろしくお願いします
うう…
親子で話ができて…本当に良かった…

残念な遺言書にしないために

解説

納得できる遺言書を書くコツ

遺言書を残す理由はいろいろ

隣の芝生は青く見える、といいますが、よそのお宅は何ももめごとがなく幸せにやってる、と思うかもしれません。でも、家族それぞれに、問題を抱えていたりするものです。マンガの例の太田さん親子も、はた目には、それぞれの暮らしを穏やかに過ごしていたように見えていたことでしょう。でも、実は親子の断絶が長く続いていたのでした。

司法統計年報をみると、遺産争いは、毎年1万5000件近くもあり、その7割以上が5000万円以下の財産争いです。あなたのご近所でも、起きているのかもしれません。

それぞれの家族にそれぞれの遺言の形

相続といえば、兄弟姉妹間の争いや、不動産が関係してくることが多いです。しかし、古家をもらっても売るのが大変だからいらない、という人も出てきました。面倒なことはやってもらって、現金だけ受け取れればいい、と主張する人も。面倒な後始末はしたくないのでしょうが、人が亡くなったら誰かがやらなくてはいけないのです。

家族の事情はそれぞれ違います。財産を譲るご本人も受け取る方も、双方に納得できる遺言書の形を、今のうちに考えてみませんか?

残念な遺言書にしないために

遺言書を書いておくことが、相続のもめごとをなくしたり、亡くなった方の想いを遺族に伝えたりすることに、有効であることはおわかりいただけたと思います。

しかし、せっかく書いた遺言書が、残念な結果を招いてしまうことがあります。

ここから先は、惜しくも残念なことになってしまった遺言書の例を挙げてあります。そして、どこをどう直せば、「満点」の遺言書になったのか、具体的に指南しました。

これらの例から、次ページ以降を参考に、「失敗しない遺言書の書き方」をマスターしましょう!

残念な遺言書にしないポイント ☑ Point

- □ 自分の気持ちを整理してから書き始める
- □ 誰に何を、具体的に残すものを整理して書く
- □ 遺言・相続についての法律も理解する
- □ 相続評価や税金のことも考えて書く
- □ 残された人の生活を考える
- □ 日付や署名のルールなどの記載を守る

File No. 11

思い出の詰まった家を売らずにすんだ？

母・スマの相続財産	
家と土地	約1,950万円
預金	約50万円
合計	約2,000万円

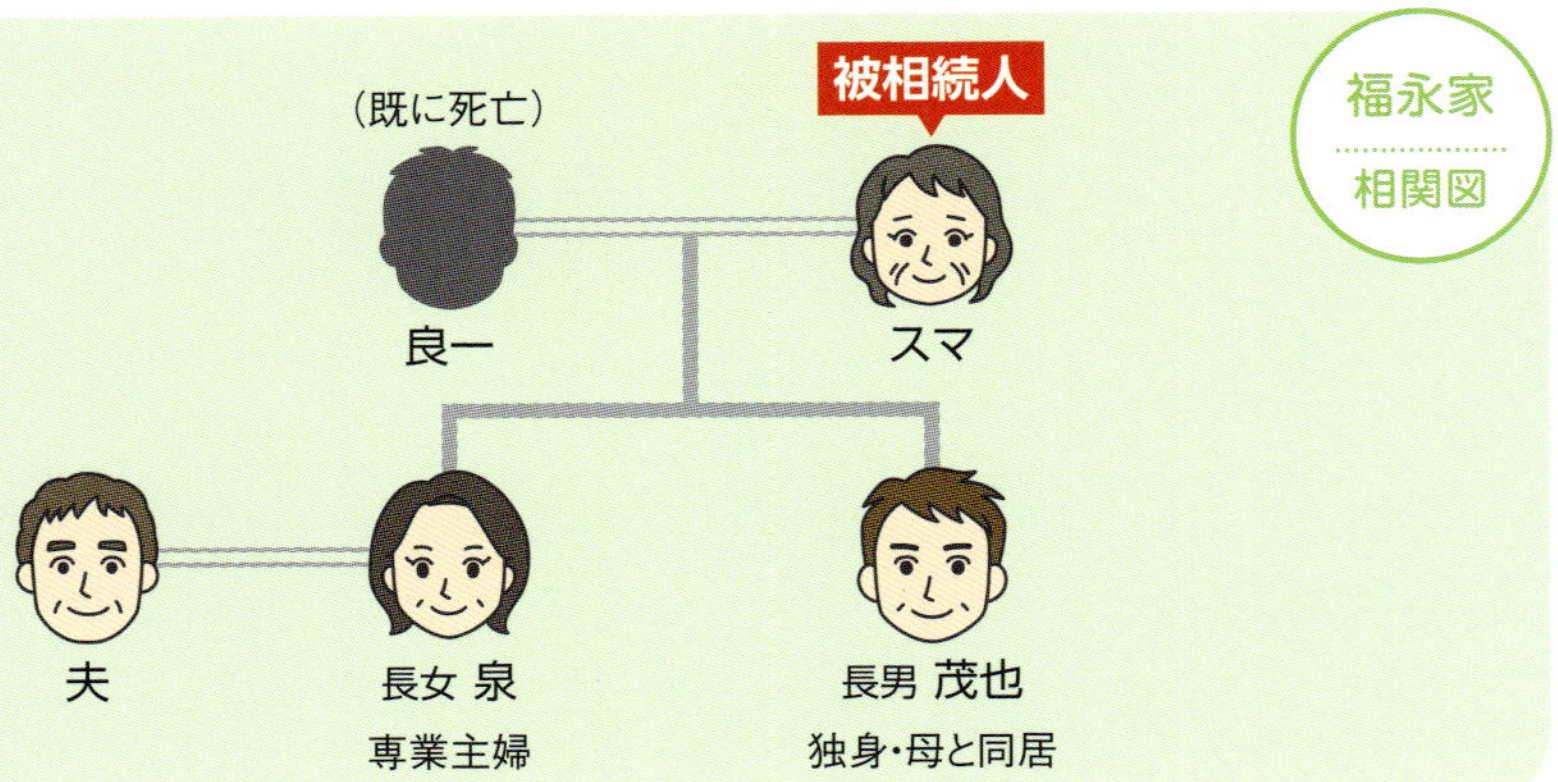

代々守り抜いた家を失った福永家のストーリー

福永家は旧家で、スマが福永家に嫁いだのは50年も前。スマは二人の子どもに恵まれ、不自由のない日々が続く。

ところが、福永家には怒涛の如く災難が押し寄せる。夫が事業に失敗し、心労で倒れ帰らぬ人となってしまった。スマは家財道具や着物、お金になるものは手あたり次第に処分して二人の子どもを育てた。

ただ、どうしても売りたくないものがあった。それは家である。幸せだった思い出や夫の無念、引き継ぐ妻の責任。家だけは守らなければならない。後継ぎの長男も理解している。だが、それから5年。スマが亡くなってからほどなく、福永家の敷地にブルドーザーが入り、家は取り壊されてしまった。結局、守り抜けなかったのである。

分けにくい遺産の納得できる分割法

スマさんは生前、左ページのような遺言書をしたためました。長男の茂也さんに全財産を相続させ、家を守ろうとしたのです。

スマさんの死後、遺言書を目にした長女の泉さんは怒り心頭。泉さんは、同じ子であるのにこれでは一円ももらえないことになっています。気持ちは収まらず遺留分侵害額請求に出ます。

家（不動産）のように、分割が難しい遺産を分ける方法として、「代償分割」があります。これは、家を取得した茂也さんが他の相続人に金銭などを与える方法です。福永家は財産が2000万円。茂也さんは、泉さんに遺留分（全財産の4分の1⬇P89）500万円を現金で渡せばよいのですが、茂也さんも父の死後、借金の返済等でお金が出ていったため、500万円を支払う余裕はありません。結局、代償分割をあきらめ、家を売り遺産を分けること（換価分割）になったのです。

遺留分侵害額請求とは

民法上、一定の相続人について、遺言があっても最低限受け取れる相続分が定められています。これを**遺留分**といいます（⬇P89）。相続があったことを知った後で、この遺留分を侵害された金額を他の相続人に請求することを**遺留分侵害額請求**といいます。

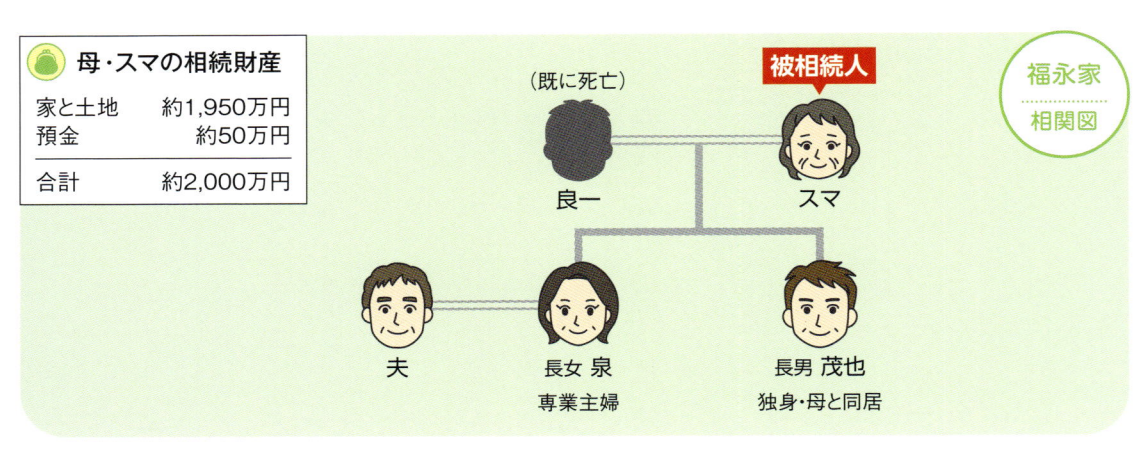

残念な遺言書

遺　言　書

私の持っている財産すべてを、

長男茂也（昭和46年12月1日生）に相続させる。

20XX年7月1日

群馬県みどり市玉川121-3

福永　スマ　（福永）

残念ポイント

✕ 財産すべて

具体的にどのような財産があるか記載がありません。

↓

スマさんの死後、茂也さんが**遺産の調査に苦労する可能性**があります。

具体的な記載がないと、金融機関によっては他の相続人の同意書の提出を求められることもあるので注意（自分の名義へ変更しようと思っても困難になります）。

✕ 長男茂也

スマさんの**2人の子どもを大切に思う気持ちとはかけ離れたもの**になっています。泉さんの名前がなく、**泉さんへの配慮**がまったく感じられません。

代償分割とは

遺産の分割にあたり、相続人のうちの１人（または数人）が相続財産を現物（この場合は土地と家）で取得し、その現物を取得した人（茂也さん）がほかの相続人（泉さん）に金銭などを与える方法です。現物分割が困難な家などを分割するときに行われます。

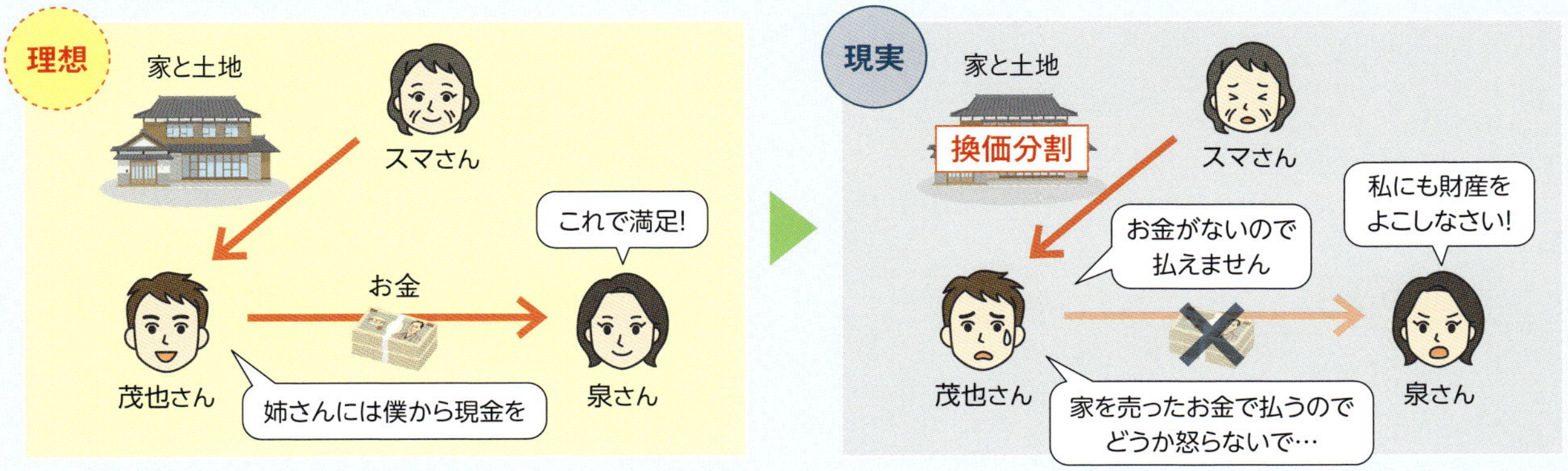

＼税理士よりひとこと／

家を売り遺産分割する換価分割の場合、所得税（譲渡所得）の申告が必要になります。また、専業主婦が相続人の場合、収入が増えて**譲渡した翌年は配偶者控除の適用が受けられない**（ゆえに夫の所得税が高くなってしまう）**こともある**ので注意が必要です（不明点は税理士に相談ください）。

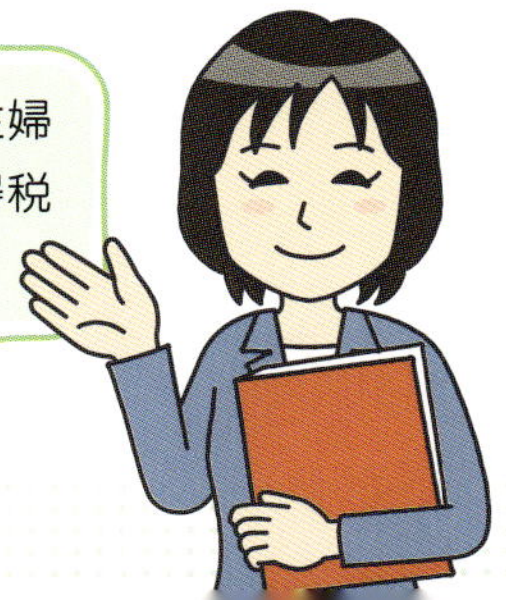

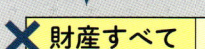

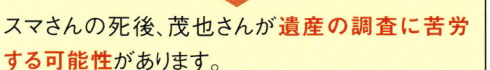

「残念」から「満点」の遺言書に！

保険金で丸く収める方法

家は家族が幸せに暮らした場所。あるいは、福永家のように代々引き継ぐことが使命となり、どうしても残したいと思う人もいるでしょう。福永家は家を売らずにすむ方法はあったのでしょうか。

遺産分割対策で大切なのは、分割しやすい資産を相続財産として用意することです。本来でしたら、スマさんは現金を用意し、泉さんにも相続させるべきでした。ただ、現実は、相続財産は家がほとんど。このようなときは、土地と家について、茂也さんと泉さんとで共有（二人の持ち物に）するという手もあります。ただ、維持管理費の負担は誰がするのか、建て替えをするかどうかの判断など、もめる要素があります。結局、長男の茂也さんはもめごとを避けるため、換価分割（家を売却し遺産を分割）するのが最も良いと判断したのです。

ただ、スマさんが事前に準備をしておけば家を売らずにすむ方法もあります。たとえば、スマさんが元気なうちに、生命保険を利用して準備します。あらかじめ、スマさんは自分が亡くなったときに、茂也さんを受取人にして保険金がおりるようにしておくのです。そして、茂也さんは家を相続し、代償分割の交付金として、保険金で得たお金をもとにして泉さんに支払うというものです（下図）。

左ページは前の遺言書を書き直したものです。大切なのは、スマさんが泉さんのことも大切に想う気持ちを遺言書に示すことです。また、遺言書には、一言、生命保険金を代償分割の交付金に充てる旨を入れておくとよいでしょう。

左ページの遺言書では、お墓の管理についても書いてあります。遺言書にはお墓やお葬式のことを記してもかまいません（法的な強制力はありませんが……）。ただ、お墓の管理を頼む場合は、お墓の管理料や墓参りの交通費なども考慮に入れて、遺産分割するとよいでしょう。左ページの遺言書では、お墓の管理を任された茂也さんは、相続したお金で管理に充てるようにしています。

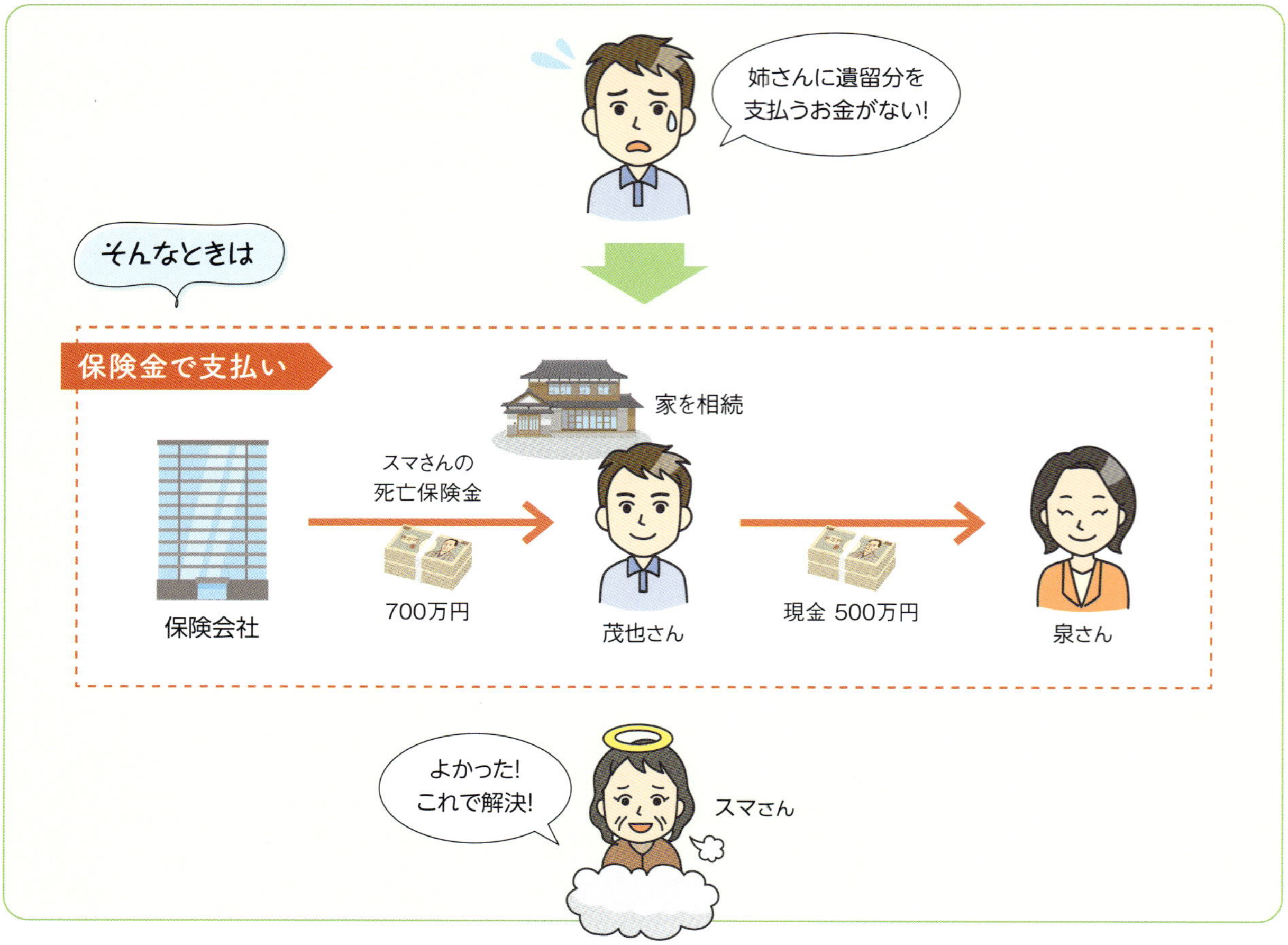

これで満点！

遺言書

私が持っている別紙の財産のほか、
すべての財産を、長男 茂也（昭和46年12月1日生）に相続させる。

【付言事項】
泉、茂也へ
　私は福永家に嫁ぎ、お父さんやおじいさまをはじめ、先祖がこの家を守るために力を尽くしてきたことを知りました。その想いを酌み、家は茂也が継ぐように遺言書を書きました。
泉へ
　残してあげられなくてごめんね。でも、事情をくんでね。
茂也へ
　泉と相続のことでもめるようなことがあれば、生命保険金の中から支払ってあげてください。
　最後に。私は祖先の祭祀の主宰者として長男福永茂也を指定します。墓地の管理料などは相続した預金等で充ててください。

20XX年7月1日

群馬県みどり市玉川121-3
福永　スマ（福永）

別紙

できる限り、財産は具体的に記載しましょう。
別紙は全部事項証明書（登記簿謄本）や預金通帳のコピーを添付します。財産目録の作成でも可。すべてに署名・押印します。

もめるようなことがあれば

泉さんの遺留分は500万円ですが、遺留分侵害額請求がなされてもいないのに茂也さんが泉さんに500万円を渡すと贈与とみなされる可能性もあります。

祖先の祭祀

祭祀《さいし》の主宰者とは仏壇や墓などを引き継いで先祖の供養をする人をいいます。
遺言書では、お墓のことや葬儀のことなども書くことができます。

※別紙は省略。

保険金の非課税枠

法定相続人の数 × 500万円
法定相続人が2人の場合
非課税枠は 2人× 500万円 = 1,000万円

例　〈保険金：700万円の時〉
700万円 ＜ 1,000万円　非課税枠内なので非課税
〈保険金：1,500万円の時〉
1,500万円 − 非課税枠1,000万円 = 500万円 が課税対象
500万円はみなし相続財産として、相続財産に加算される

＼税理士よりひとこと／

　保険金は受け取った茂也さんの財産になります。スマさんの遺産ではないことから、「保険金には相続税がかからない」と言われることがあります。が、これは間違い。正確には、非課税枠（左図参照）があるだけで、非課税枠を超える高額の保険金には、相続税の支払いが生じることがあります。

File No. 12

一家が支払う相続税をできるだけ少なくする考え方

父・啓三の相続財産

預金	約1億円
株式	約2億円
合計	約3億円

佐々木家 相関図

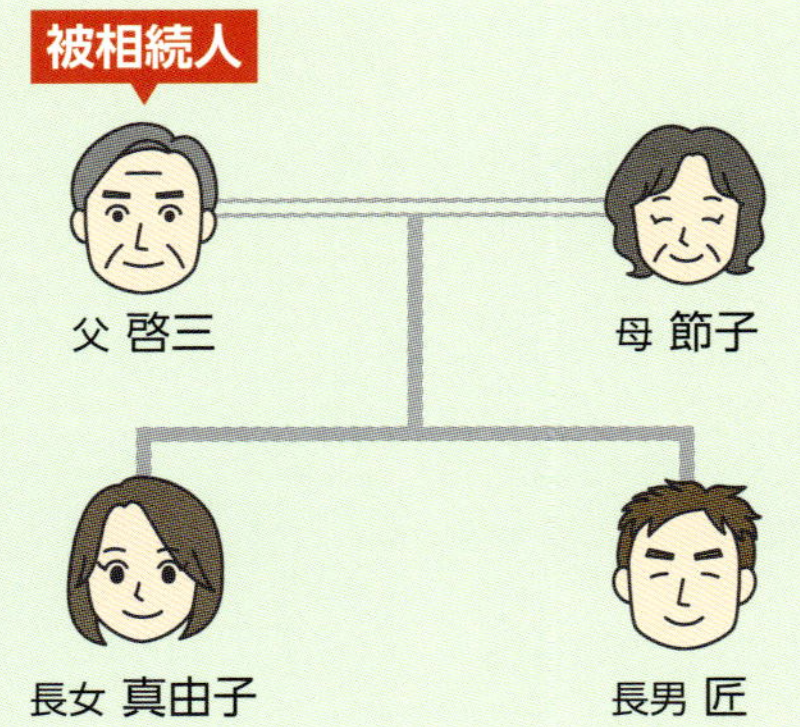

相続税を考慮したのに…佐々木家のストーリー

ホームに併設の病院に入院中の啓三は、長女の真由子に話しかけた。

「俺はもう、ひと月ももたないと思う」

「何よ、お父さんらしくない」

「意識がしっかりしているうちに娘のお前に頼みたいことがある。私は一所懸命働き、預金もできた。退職金で買った株が値上がりしたので、年金に手を付けずに今日まで来れた。私が蓄えたものを家族に残してあげられそうだ」

「そんな話やめてよ」

「まあいい。頼みごとというのは、お前は学生の時、税理士を目指していただろう。相続税が、一番少なくなるような財産の分け方を考えてほしいんだ」

数日後、啓三は娘の真由子が検討した結果をもとに、遺言書を書いた。ところが、大きな見落としがあることに遺族が気づいたのは、父が亡くなったあとのことだった。

目先の「安い」をとるとむしろ高くつく

遺産分割をするときは、佐々木家のように、相続税のことまで考えて分けることが大切です。とくに、相続税には様々な優遇措置があり、うまく活用することで相続税の額を少なくすることができます。一例を挙げると、「配偶者の税額の軽減」があります。これは、佐々木家ならば、配偶者である節子さんの取得した遺産の額が法定相続分または1億6000万円のいずれか多い額までならば、相続税はかからないという制度です。

したがって、左ページの遺言書のように節子さんが税額軽減の上限（このケースでは1億6000万円）まで、財産を引き継いだほうが相続税は安くなります。

たとえば、節子さんが相続した財産が1億円だったとしましょう。このとき、佐々木家が支払う相続税の合計は3813万円。節子さんが配偶者の税額軽減を最大限活用して1億6000万円相続した場合は2669万円。このほうが相続税は少なくなります。

ところが、この方法には落とし穴があります。というのは、この計算は啓三さんが亡くなったときのことしか考えていません。実際、相続税は節子さんが亡くなったときにもかかります。啓三さんが亡くなったときの相続税を安くしても、節子さんが亡くなったときの相続税が高ければ、結局、佐々木家が支払う相続税の総額が高くなることになります。

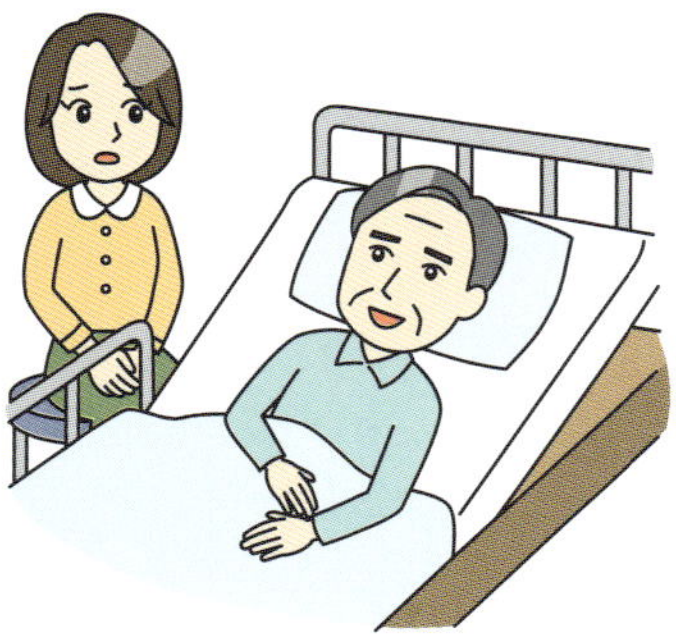

残念な遺言書

遺言書

一、私が持っているA銀行の預金三〇〇〇万円と株式一億三〇〇〇万円を、妻節子（昭和一五年一月一五日生）に相続させる。

二、私が持っている株式七〇〇〇万円を、長男匠（昭和四三年二月二八日生）に相続させる。

三、私が持っているC銀行の預金七〇〇〇万円を、長女真由子（昭和四〇年九月一日生）に相続させる。

令和X年七月一日

東京都品川区品川五二－一

佐々木　啓三　（印：佐々木）

✕ 遺言書

この遺言書のとおり遺産分割すると、節子さんが亡くなったときの相続税が高くなり、結局、**佐々木家全体で支払う相続税の総額が高くなる**可能性があります。

ほかにも残念な点が

✕ A銀行の預金3,000万円

✕ 株式1億3,000万円

銀行の残高や株式の評価額は後に変わる可能性があります。たとえば、預金3,000万円と書くと、相続時に1,000万円に減っていた時、差額の2,000万円をどうするか、もめる可能性もあります。

啓三さんが死亡したときの相続税

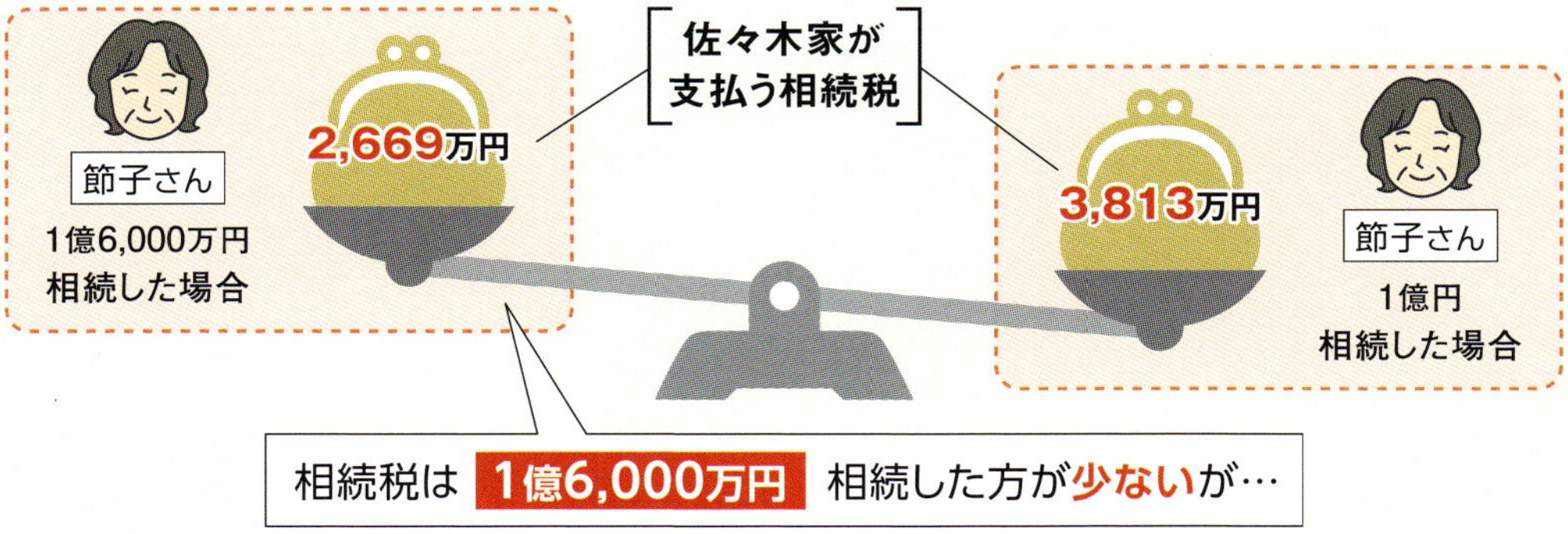

「残念」から「満点」の遺言書に！

母が亡くなったときの税額を考慮に入れる

前ページの遺言書を夫の啓三さんが残して亡くなった後、長女の家に住んでいた節子さんが亡くなりました。節子さんは株式の配当金と年金の収入があったため、遺産はちょうど1億6000万円のまま、ほとんど減りませんでした。1億6000万円の遺産は、啓三さんの持っていた3億円と比べるとずいぶん少ないです。ところが、実際、佐々木家の子ども二人が支払う相続税の合計は2140万円です。

なぜ、節子さんの遺産額は啓三さんのそれより少ないのに、相続税が高いのでしょうか。

啓三さんが亡くなったときは、妻の節子さんには配偶者に対する相続税の優遇措置（配偶者の税額軽減）がありました。ところが、子ども二人にはこの軽減はありません。

また、相続税には基礎控除があり、相続人の数が多いほどその額は大きくなります。啓三さんが亡くなったときは、相続人は三人、ところが節子さんが亡くなったときは二人。一人分、基礎控除額が少なくなります。

どのようにすれば、佐々木家が支払う相続税をより少なくできたのでしょうか。

左ページの満点の遺言書を見てみましょう。啓三さんが亡くなったときに、妻の節子さんは1億円のみ相続しました。子どもの真由子さんと匠さんも1億円ずつ。このとき相続税は、節子さんが1億6000万円相続するよりも高くなります。ところが、節子さんが亡くなったときは同じく遺産は減らず1億円を子ども二人で相続すると、相続税の合計は770万円となります。

このようなケースでは、結論からいうと、税理士に相談するのが最も確実です。ただ、自分で計算したいという人はP92の相続税の計算方法を用いて計算しましょう。

相続税を計算しながら得になる分け方を探す

姉弟で半分ずつ（法定相続分）で分けるので上記の早見表が使えます。節子さんの遺産が1億6000万円のとき、子ども二人が支払う税額は2140万円、1億円ならば、770万円と大きな差があることがわかります（法定相続分ではない分け方をするときは早見表が使えません）。

相続税について心配事がある時は、素人判断せず、税理士に相談しましょう。

相続税早見表（配偶者がいない場合）

課税価格	法定相続人が子ども2人
5,000万円	80万円
6,000万円	180万円
7,000万円	320万円
8,000万円	470万円
9,000万円	620万円
1億円	770万円
1億5,000万円	1,840万円
1億6,000万円	2,140万円
2億円	3,340万円
2億5,000万円	4,920万円
3億円	6,920万円

節子さん死亡までを考慮

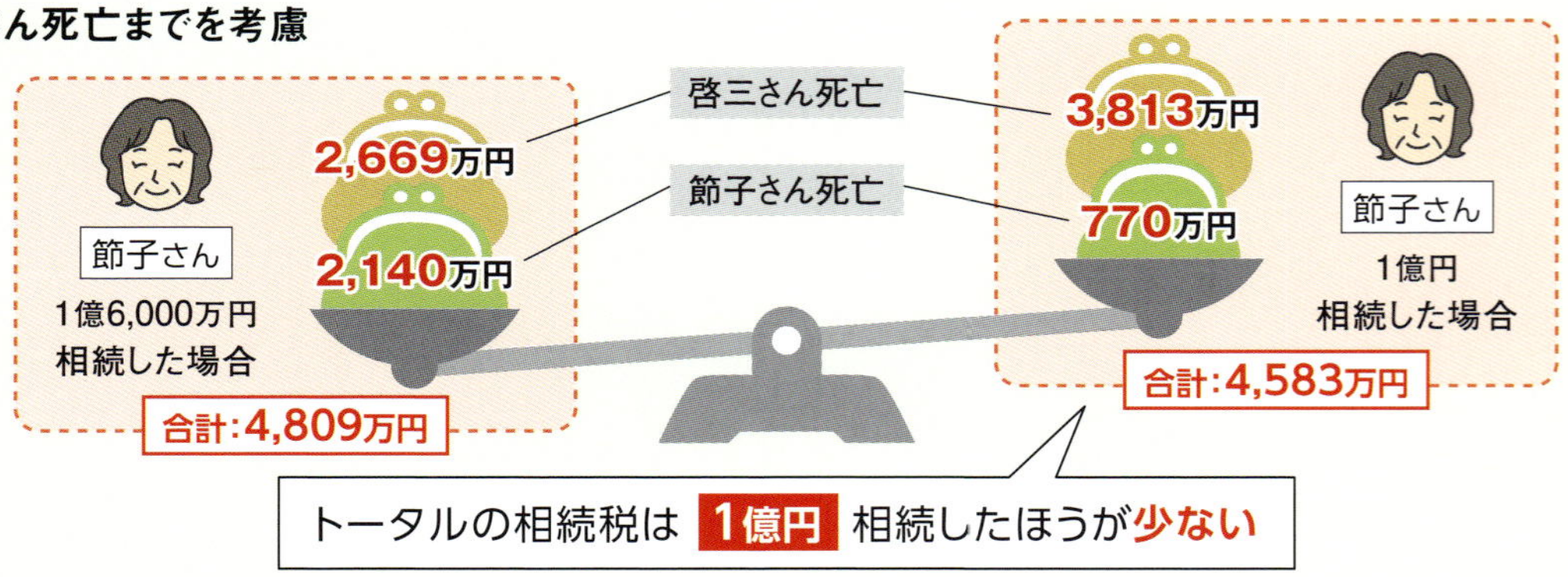

これで満点！

遺言書

一、私が持っている別紙1の株式の二分の一を、
妻節子（昭和一五年一月一五日生）に相続させる。

二、私が持っている別紙1の株式の二分の一を、
長男匠（昭和四三年二月二八日生）に相続させる。

三、私が持っている別紙2の財産を、
長女真由子（昭和四〇年九月一日生）に相続させる。

令和X年七月一日

東京都品川区品川五二ー一

佐々木　啓三　（佐々木）

たいへんよくできました

別紙1
下記を添付して、署名・押印をします（別紙2も同じ）。

B証券会社の口座にある上場株式の残高証明書

別紙1

残高証明書

○○年○月○日現在、下記のとおり
当社にてお預かりしていることを証明します。

B証券会社

種類	銘柄名	数量又は額面	備考

佐々木　啓三（佐々木）

A銀行の預金通帳のコピー

別紙2

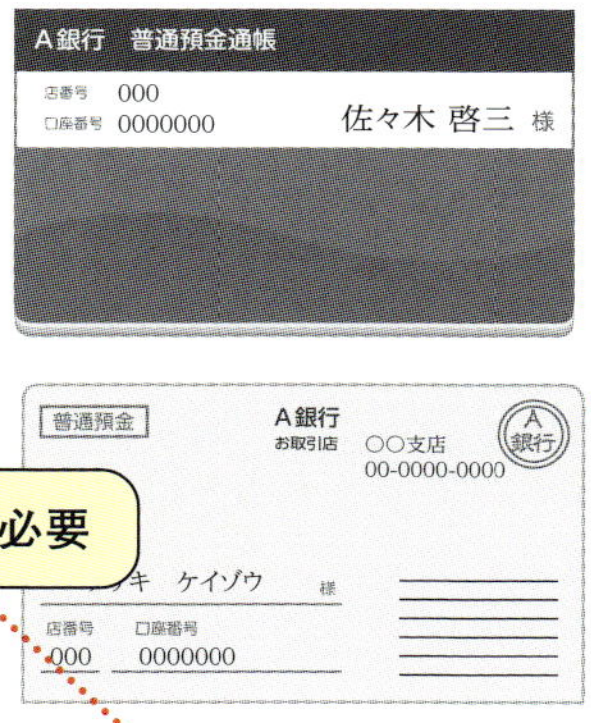

表紙、表紙の裏側の面、残高面のコピー

佐々木　啓三（佐々木）

それぞれに署名・押印が必要

節子さん、匠さん、真由子さんがそれぞれ1億円ずつ相続

税理士よりひとこと

遺言書を書いた後で、株式の評価額が変わる、あるいは預金の残高が変わる可能性があります。1年に1度程度、遺言書の内容をチェックするとよいでしょう。

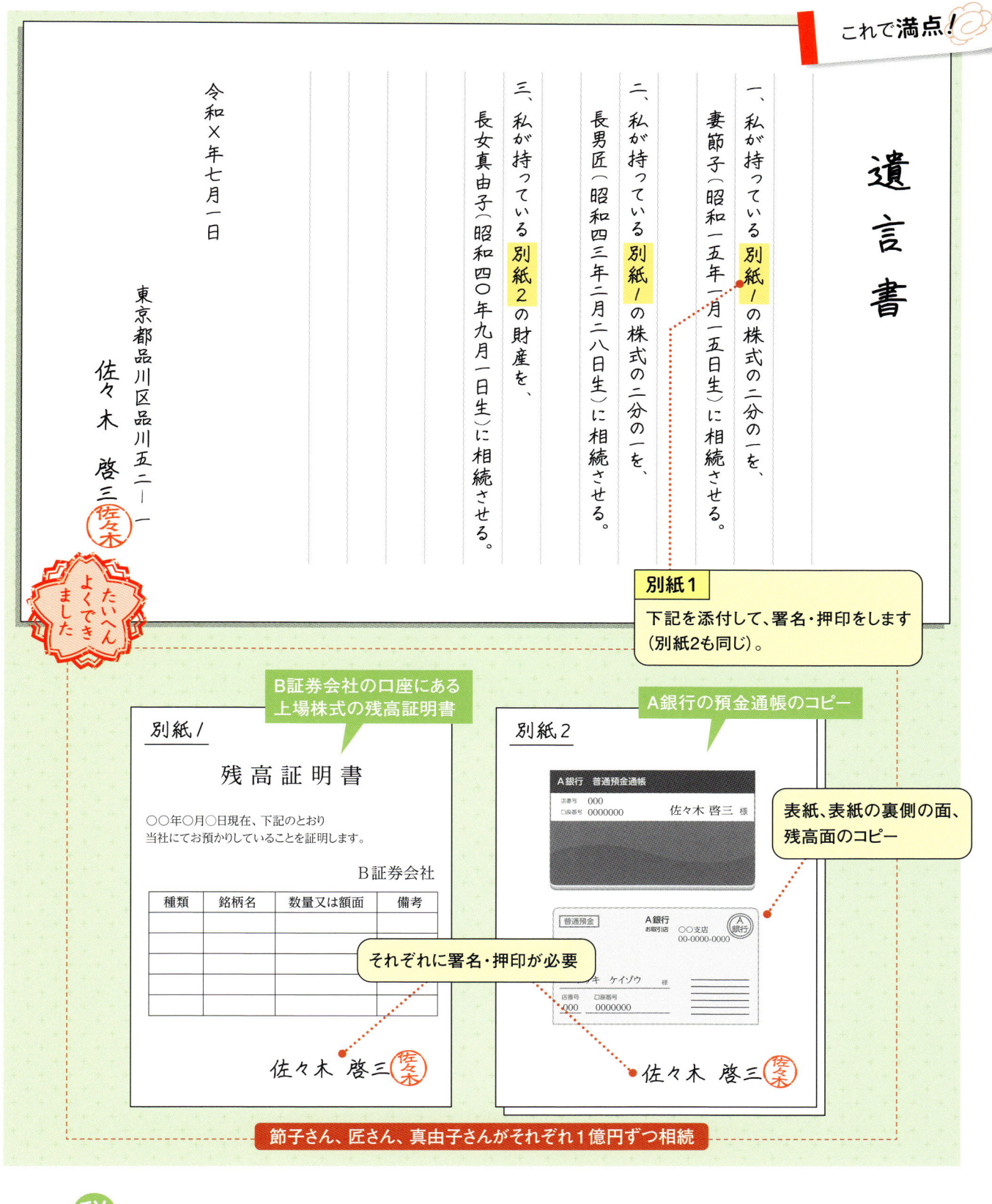

File No. 13

借金がある家族から財産を守るには

父・雄一の相続財産

家と土地	約2,000万円
預金	約2,500万円
株式	約300万円
合計	約4,800万円

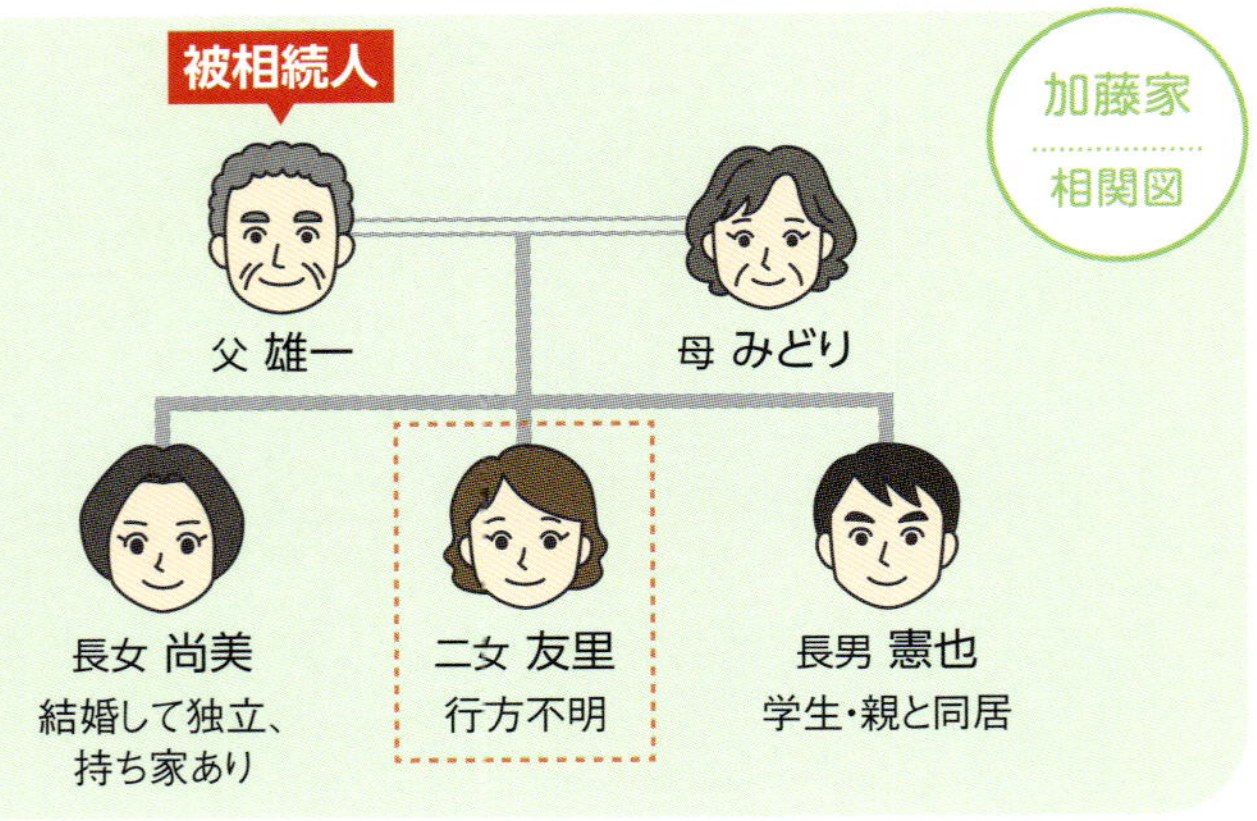

	母 みどり	長女 尚美	二女 友里	長男 憲也
法定相続人	○	○	○	○

家族に借金がある加藤家のストーリー

加藤友里はアイドルグループの追っかけがきっかけで、たくさんの消費者金融に借金をした。借金は膨らみ返せなくなり、ついに行方をくらました。友里の姉、尚美はそんな妹の尻拭いをずっとしてきた。母、みどりは「お父さんが甘やかしたから……」と嘆くばかり。

末っ子の憲也は法学部の大学三年生だ。憲也には心配ごとがあった。それは、父雄一にもしものことがあった場合、財産は残された家族で分けることになる。たとえ所在が分からなくても、友里には財産をもらう権利がある。「母さん、相談があるんだ。父さんが死んだら、うちの財産は借金のカタにとられてしまうのではないだろうか。父さんが遺言書を書けば、財産を守れると思うんだ」そこで、母みどりは雄一に遺言書を書くようにすすめ、念のため憲也に見せた。

「残念だけど……。この遺言書には問題が……」憲也が指摘した問題とは？

遺言書で財産を守ることができる

家族の誰かが借金を抱え、行方をくらました！　そんなとき、遺言書があれば遺産分割ができます（なければ、行方不明の友里を捜し出さなければなりません）。遺言により、父雄一さんの遺産をみどりさんと尚美さん、憲也さんの三人で相続するようにしておけばよいのです。友里さんが出てきて、財産を求められること（遺留分侵害額請求）がなければ、遺言書に書かれたとおりの遺産分割ができます。

読者の中には、たとえ遺言書があっても債権者が友里さんの遺留分（⬇P89）を渡すよう求めるのではないかと思う方もいるかもしれませんが、実際は大丈夫です。というのは、友里さんが遺留分を請求する権利は、友里さんだけに与えられた権利（一身専属権）なので、取り立ての人が友里さんに代わって、行使すること（代位行使）はできないと考えられています。

父雄一さんが遺言書を書いたのは正解です。ただ、問題は「友里には相続放棄してもらう」と書いた点にあります。相続放棄は本人がするものです。

実際、相続を放棄するには家庭裁判所に放棄の申し出が必要になります。友里さんが行方不明の状態では申し出はできません。たとえ、帰ってきたとしても、本人が「放棄しない」と申し出を断ったら、相続の放棄にはなりません。遺言書には、相続分を明確にして書くべきでした（⬇満点の遺言書はP67）。

残念な遺言書

遺言書

1. 二女　友里には相続を放棄してもらいます。

2. お金と家は残った家族で話し合って分けてください。

20XX年7月吉日

埼玉県さいたま市埼玉1-5-25
加藤　雄一（加藤）

✕ 相続を放棄

相続を放棄するのは本人。
遺言書に書いても、友里さんが放棄することを強制はできません。

ほかにも残念な点が

✕ お金

お金と書くと、財布やタンスにしまってある現金を指すことになります。預金を払い戻すときに、銀行からほかの相続人の同意書を求められることにも。

✕ 家

家は通常、建物のみを指します。これでは土地は誰が相続するのかあいまいです。

✕ 残った家族

文脈からみどりさんと尚美さん、憲也さんを指しているともとらえられますが、「残った家族」には友里さんも含まれるので、正確な表現ではありません。

✕ 話し合って分けてください

具体的な分け方が書いていません。もめる原因になることも。

✕ 吉日

日付は正確に、年月日を書きましょう。遺言が無効になる可能性があります。

相続放棄とは

相続人が遺産の相続を放棄すること。相続人が遺産を引き継ぐことを拒絶する、つまり「遺産はいりません」と言うことをさします。

相続人は、家などのプラスの財産だけでなく、借金などもすべて引き継ぎます。一般的に、親が多額の借金を抱えていると、子が相続放棄をする場合が多くあります。

遺言書でできないことがある

遺言書に書けばなんでも実現すると考える人もいますが、実際は相続人の相続放棄の強制をはじめ、できないことがあります。

「残念」から「満点」の遺言書に！

渡したくない人の名前を書かなければ解決

前ページにある遺言書の問題点は、雄一さんが友里さんに「相続を放棄してもらいます」と書いた点です。雄一さんは長男の憲也さんと長女の尚美さんだけに遺産を分けたい、友里さんには渡したくありませんでした。そのようなときは、左ページのように遺言書にみどりさんと憲也さん、尚美さんの相続分だけ記載して、友里さんの分を書かなければよいのです。

先の遺言書では、ほかにも次の問題があります。

①お金という表現
②家という表現
③全財産を網羅していない
④残った家族で
⑤話し合って分ける
⑥日付が「吉日」

①お金という表現

「お金」と書くと、財布やタンスにしまってある現金を指します。預金を渡したいなら、「預金」という表現にし、銀行名や口座番号などを明らかにします（別紙で通帳のコピーを添付しても可）。「お金」と書かれた遺言書を持って、預金を払い戻そうとしても、銀行からはほかの相続人の同意書を求められることもあります。

②家という表現

家は通常、建物のみを指します。実際は土地も含まれる遺言なので、「家と土地」という表現が正解です。また、こちらも詳細を別紙（全部事項証明書）のコピーも可で添付することも可能です。

③全財産を網羅していない

雄一さんの財産には、預金、不動産のほか、株式があります。遺言書で触れているのは預金と不動産のみなので、株式はどのようにして分けたらいいかわかりません。その後、分け方をめぐってもめる可能性があります。財産は全部網羅して書きましょう。

④残った家族で

前後の関係から、友里さん以外の家族というニュアンスは伝わりますが、友里さんは亡くなったわけではないので、この表現は正確ではありません。

財産を渡したい人については、「長女尚美（生年月日）」といった具体的な形で書きましょう。

⑤話し合って分ける

「話し合って分ける」とすると、分け方をめぐりもめごとに発展する可能性があります。具体的に「誰に」「何を」相続させるのか書きましょう。

⑥日付が「吉日」

日付が「吉日」だと、何日か正確にわかりません。日付は正確に、年月日を書きましょう。遺言が無効になる可能性があります。

税理士よりひとこと

相続の放棄をすると相続税が高くなる？

加藤家には相続税はかかりません（➡計算方法はP92）が、仮にかかるとした場合、友里さんが相続放棄をしても相続税額は変わりません。

相続税は、相続財産から基礎控除額を引いて計算します。基礎控除額が少なくなると、それだけ相続税が高くなる可能性が増します。この〈基礎控除額〉は次のように計算します。

3,000万円 ＋ 600万円 × 法定相続人の数

相続放棄をする人がいると、人数が減って、基礎控除額も減るのではないかと考える人もいます。しかし、実際は、法定相続人の数は、相続の放棄をした人がいても、放棄がなかったものとした場合の数で計算します。ですから、法定相続人の中で相続の放棄をする人がいても相続税が高くなることはないということになります。

これで満点！

遺 言 書

1. 私が持っている別紙1の財産（A銀行の預金）を、長女尚美（昭和59年1月15日生）に相続させる。

2. 私が持っている別紙2、5の財産（B銀行の預金と株式）を長男憲也（平成10年4月28日生）に相続させる。

3. 私が持っている別紙3、4の財産（C銀行の預金と不動産）のほかすべての財産を、妻みどり（昭和34年6月28日生）に相続させる。

【付言事項】
友里へ
　友里の行方がわからなくなったとき、残された家族全員、とても心配し、あなたを懸命に捜しましたが、みつかりませんでした。家では、私だけでなく、尚美までが、取り立ての人への対応をしたこともあります。
　家族で話し合い、上記のように遺産を分けることにしました。どうか、私の意をくみとり、遺留分侵害額請求などを行わないことを希望します。

20XX年7月1日

埼玉県さいたま市埼玉1-5-25
加藤　雄一（加藤）

たいへんよくできました

長女尚美

相続させる人に、行方不明の友里さんを入れなければ、友里さんに財産は渡りません。ただし、ひょっこり帰ってくる可能性もあるので、付言事項で遺留分侵害額請求（➡56、89）をしないように希望していることを伝えましょう。

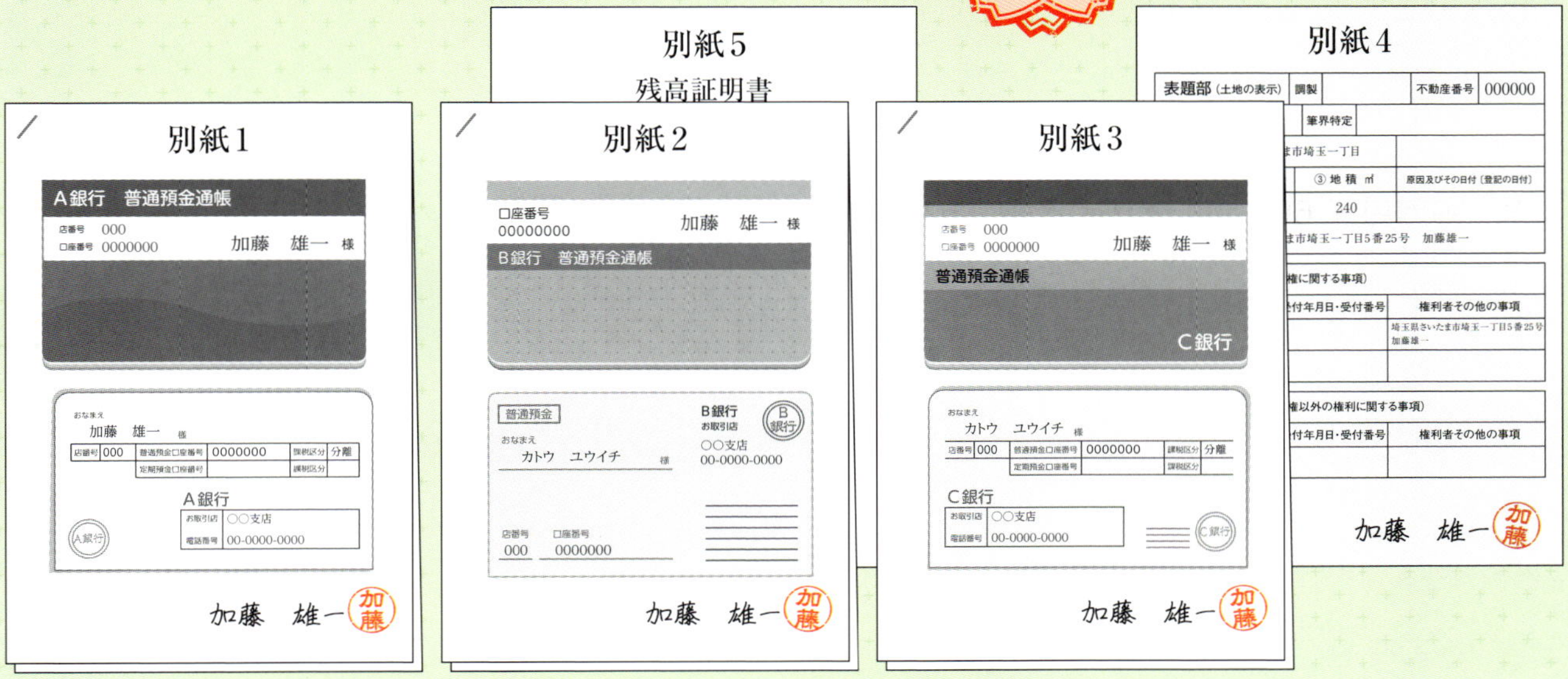

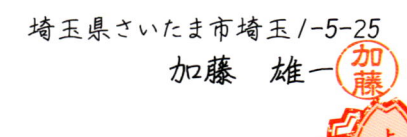

File No. 14

事業の後継者に財産を継がせるには

中村太郎の相続財産

自社株	約1億円
家・土地（自宅兼事業用ビル）	約1,000万円
預金	約1,000万円
合計	約1億2,000万円
会社が保有する倉庫の土地	約3,000万円

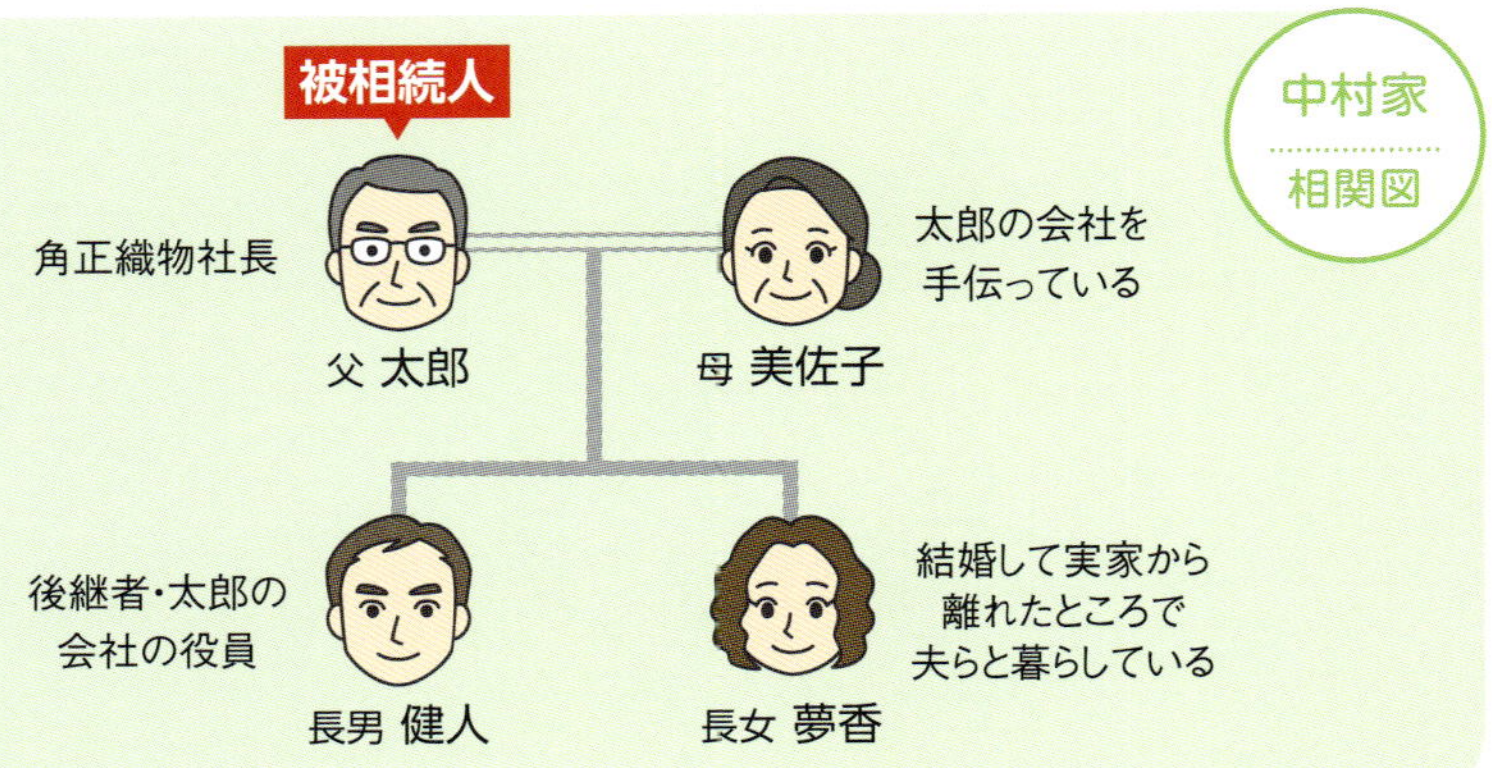

経営優先に娘は落胆 中村家のストーリー

中村太郎は呉服問屋、角正織物の社長である。明治時代、祖父が創業し太郎で三代目。従業員数名の小さな会社だが、太郎は寝具事業にも参入し、手堅く業績を伸ばしている。そんなやり手社長の太郎にも悩みはある。それは、会社の経営をどのようにして息子の健人に引き継がせるかだ。気になりだしたきっかけは問屋仲間の新年会だった。

「中村、安定した経営を続けるには、跡取りに財産が集中するようにしておくことだ。うちは、遺言書で対策を立てたぞ」

太郎には長男の健人と長女の夢香の二人の子どもがいる。夢香は結婚し専業主婦である。たとえ、跡取りでなくとも、太郎にとって娘はかわいい、かけがえのない存在である。ところが、遺言書を書こうと財産を調べると、娘にはほとんど財産を渡せないことがわかった。会社の経営のためだ。娘もわかってくれるだろう。太郎は遺言書を書いたのだが……。

経営者が偏った遺言書を書かざるを得ない理由

太郎さんは左ページのような遺言書を書きました。財産は妻の美佐子さんと後継者である長男の健人さんがすべて相続するようになっています。太郎さんは娘の夢香さんに財産を渡したくないわけではありません。左ページの遺言書は、太郎さんの想いとかけ離れている点に問題があります。案の定、夢香さんはこの遺言書を目にして、落胆しました。なぜ、太郎さんは、このような財産分割をせざるを得なかったのでしょう。

①不動産に関する理由

太郎さんの会社、角正織物の事業所が入っているビルは四階建て。太郎さんが所有しています。一階と二階が会社の事業所になっており、三階、四階が太郎さん一家の住居で、妻・美佐子さんと長男・健人さんの三人で暮らしています。夢香さんは結婚を機に家を離れ、現在はこのビルには住んでいません。

太郎さんは、ビルにはこの先も妻、美佐子さんが住み続けるだろう、妻が相続するのがよいと考えました。実は、もう一つ理由があります。角正織物は、太郎さんが社長を務め、妻の美佐子さんが経理を担当し、長男の健人さんが役員を務めています。

夢香さんは専業主婦で角正織物の仕事はしていません。仮に、ビル全部を夢香さんが相続すると、角正織物の事業にタッチしていない人物に事業所が渡ることになります。万が一、夢香さんと健人さんの関係に亀裂が入り、夢香さんが第三者にビルを売り渡すことを考えると、安易にビルは夢香さんに渡せないことになります。

②自社株に関する理由

会社の株主総会では、議題に対して、株主が賛成か反対かを投じて多数決で決議されます。株式（普通株式）一株には議決権が一つ、ついています。株式をたくさん保有している人が多数決で有利になります。角正織物が発行する株式のうち、夢香さんの保有割合が多いと、決議しようとしても否決される、ときには会社にとって都合の悪い事項を決議されてしまう可能性があります。

一般的に、自社株や事業用の不動産などの相続財産は、会社の経営を引き継ぐ後継者に集中しがちです。このようなとき、ほかの人（この場合は夢香さん）から不満が噴出し、場合によっては遺留分を請求されることもあります。では、どうすればよいでしょうか。

残念な遺言書

遺　言　書

1. 自宅と預金を妻・美佐子（昭和30年1月15日生）に相続させる。

2. 自社株を長男・健人（昭和55年2月28日生）に相続させる。

20XX年7月1日

高知県中央市北21-56
中村　太郎（中村）

✕ 遺言書
長女夢香さんの名前がなく、**夢香さんを大切に想う父の気持ちとかけ離れた**ものになっています。

ほかにも残念な点が

✕ 自社株
相続税対策をしていない状態。このまま何もしないと健人さんに相続税がかかります。
会社が保有する倉庫の土地は会社の資産なので遺言書には書きません。

「残念」から「満点」の遺言書に！

後継者に継がせるために有効な二つの方法

事業を営む人の相続で生じる問題は、遺言書や事業を円滑に承継するための法律を活用し、対策をとっておくことで避けられる可能性が高まります。

【問題1】財産が分けづらい

自社株式は現実的には分割が難しい財産です。このような財産の場合、長女の夢香さんには、財産を渡したくないわけではないことを伝えるのが一点。太郎さんの場合は、左ページのように会社が保険会社と契約することも可能です。すると、保険会社に支払う保険料のうち一定額は会社の経費で落とすことができます。加えて受け取った死亡退職金には非課税枠があるのでさらにお得です。

自社株式について、他の相続人は遺留分の主張ができなくなる制度もあります（⬇下記、〈その他の制度〉を参照）。

財産が分けづらいという問題のほかにも、よくもちあがる事項があります。それは相続税です。

【問題2】相続税が予想以上に高額

「事業承継税制」として、自社株式の相続税が納税猶予、さらには免除になる制度があります（⬇下記、「自社株式の相続税の猶予および免除」）。

その他、解決のための制度として次のようなものがあります。

〈その他の制度〉

・自社株式の贈与税の納税猶予および免除（引退を決めたときに、後継者に自社株式を贈与した場合→贈与税の猶予、免除）
・自社株を生前贈与した場合、自社株の部分について遺留分の対象から除外する措置（**民法の特例**）
・遺留分の事前放棄
・金融支援

などがあります。ただし、いずれも要件があり、手続きも煩雑なので、不明な場合は弁護士や税理士に相談するとよいでしょう。

自社株式の相続税の猶予および免除

下記の手順を踏むと、相続財産の中の自社株式の部分について、相続税を納税しなくてもよくなります（納税猶予、免除）。
取り消されたら支払いが生じるので注意。

手続き
- 特例承継計画（会社の後継者や経営の見通しなど）を作成して、経営革新等支援機関（認定されている税理士など）の所見を記載の上、都道府県知事に提出します。
- 2023年3月31日までの相続については、相続開始後（太郎さんが亡くなった後）に特例承継計画を提出することも可能です。
- 相続の開始の日の翌日から8ヶ月以内に都道府県知事に認定申請をします。

↓

納税の猶予
相続税総額のうち、自社株式に相当する部分の納税が猶予されます。猶予される部分を除いた相続税は支払う必要があります。

↓

猶予税額の免除
後継者（健人さん）の死亡等があったときは、猶予された相続税の納付が免除されます。

〈猶予が取り消される場合の例〉 相続税を支払うことになります。
- 5年以内に後継者が代表者ではなくなった
- 後継者が取得した自社株式を他人に譲渡した
- 会社を解散させる　など

＼税理士よりひとこと／

事業承継税制の個人版もスタート

事業承継税制の拡充として、個人で事業を営む人を対象にした相続税や贈与税の納税猶予制度ができました（個人事業者の事業用資産に対する相続税や贈与税の納税猶予制度）。

具体的には、個人事業主が保有している事業用資産を相続や贈与で後継者に承継させる場合、相続税や贈与税の納税を猶予→その後要件を満たせば免除してもらえるという特例制度です。

これで満点！

遺　言　書

1. 私が持っている別紙1の財産（自社株）を長男・健人（昭和55年2月28日生）に相続させる。

2. 私が持っている別紙2の財産（預金、自宅）、および、1、2項にある財産のほかすべての財産を妻・美佐子（昭和30年1月15日生）に相続させる。

【付言事項】

私は先代から角正織物を引き継ぎ、経営してきました。長男・健人に継いでもらいたいと思い、この遺言書を作成しました。

本文で、自社株式を健人に相続させたのは会社の経営権を与えるためです。

ビル（自宅等）は、現在、住んでいる健人と妻・美佐子の共有にしようとも思いましたが、後に生じるリスクを考えると好ましくないので、妻・美佐子一人に相続させることにしました。どうか、美佐子、健人、夢香には今までどおり仲良くしてほしい。

また、預金を美佐子に相続させたのは、この先の生活費の足しにしてほしいと考えたからです。

このような理由で、財産を分けました。

ただ、私にとって、夢香も大切な子どもです。私が死亡したときは、会社から夢香に死亡退職金のうち500万円が支払われるようになっています。

今まで、ありがとう。

20XX年7月1日

高知県中央市北21-56
中村　太郎（中村）

たいへんよくできました

別紙1

別紙には、自社株式の場合、会社名（株式会社角正織物）、所在地、普通株式、株数を記載します。

死亡退職金

下図のように保険契約をしておきます。会社が保険の契約をした場合、**支払保険料のうち一定額は**会社の経費として落とすことができます（損金算入）。

※別紙は省略。

会社が保険会社と契約

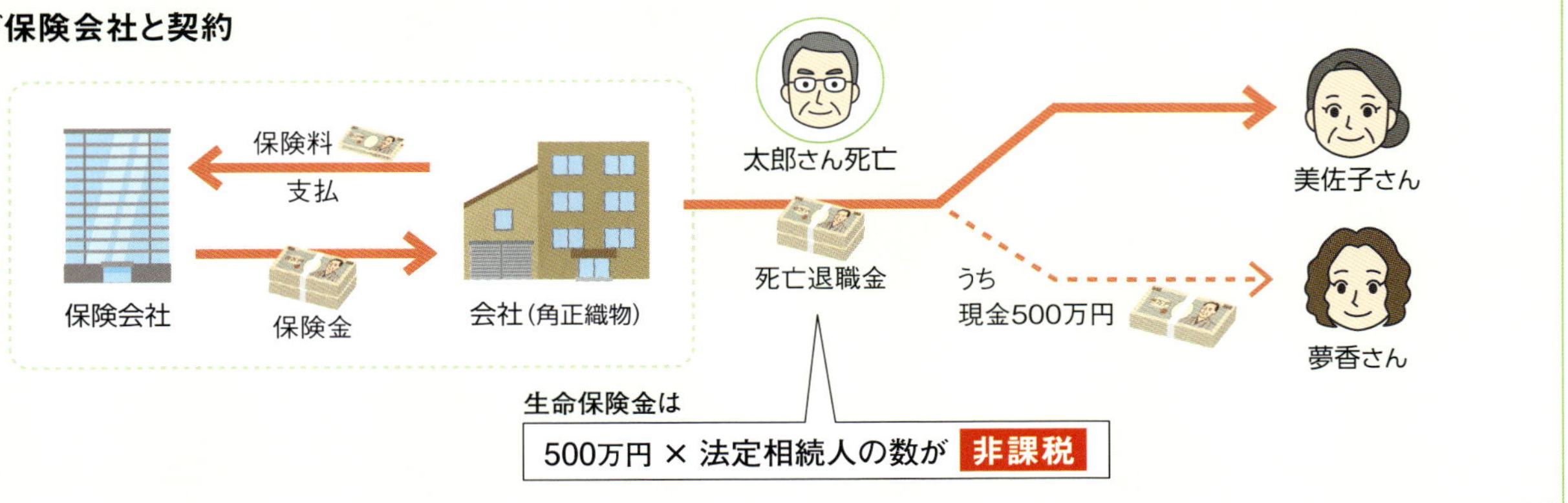

File No. 15

子のない妻にマンションを残したはずが無効に？

小林稔の相続財産

預金	約2,000万円
株式	約1億3,000万円
マンション（自宅）	約3,000万円
合計	約1億8,000万円

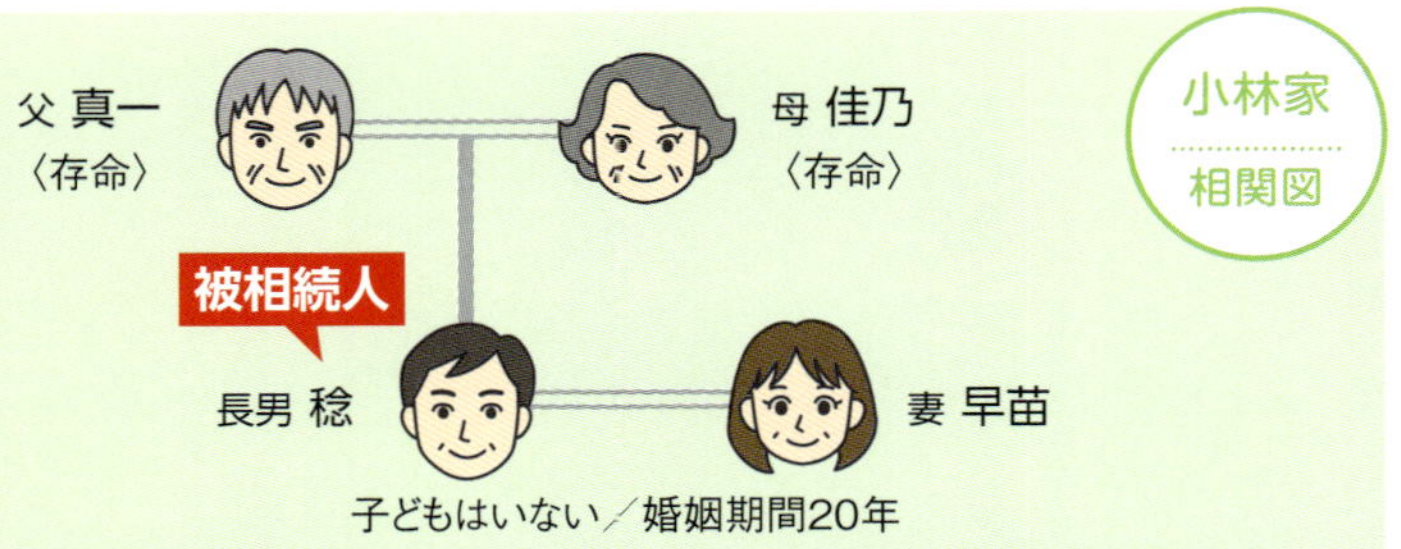

	父 真一	母 佳乃	妻 早苗
法定相続人	○	○	○
法定相続分	6分の1：3,000万円	6分の1：3,000万円	3分の2：1億2,000万円

夫の死で家を追い出される小林家の長男の妻のストーリー

小林早苗の目の前に立つ義父。早苗が記憶していたよりも白髪が増え、長い歳月が流れたことを改めて知らされた。早苗は資産家と結婚したが、義父母とは折り合いが悪く、いつから正月すら顔を出さなくなった。そんなことはどうでもいい。早苗はこの先どうしたらいいのか、途方に暮れていた。夫の葬儀が終わり、ほどなく義父は早苗に分厚い封筒を手渡す。中には、帯付きの札束が入っていた。

「我々はあなたにはもう、かかわりたくないのだよ」

義父は早苗に出て行けと言うのだ。

「早苗さん、あなたが暮らしているマンションはもともとは妻のものだった。彼女は私の反対を押し切って息子の稔に渡したんだ。今、彼女は後悔している。ということで返してもらうよ」

「遺言書はあります」

義父は紙に目をやると一笑に付す。

「早苗さん、これは無効だ。出ていくことが決まったんだから、さっさと荷物をまとめてくれ」

法改正で妻は自宅に短期間、留まれるように

遺言書はなんでもよいわけではなく、書き方次第で無効となる場合があります。たとえば、メモ書きのようなもので、日付や署名、ハンコが押していないものは無効になります。左ページのようなワープロ書きもいけません。不安が残るときは、封をする前に専門家（弁護士、司法書士など）に相談し確認してもらうとよいでしょう。稔さんは遺言書を残しましたが、署名もハンコも日付もありません。無効となったため、遺産分割協議書が必要になりました。協議書には、法定相続人全員（父・母と早苗さんの三人）の合意をとらなければなりません。

一般的に、法定相続人は妻と子どもというパターンが多いため、親は法定相続人ではないというイメージを持つ方もいます。しかも、早苗さん夫婦には子どもがいません。すると、妻が全財産を相続できるような気がしますが、これは間違い。子どもがいないときは、親が存命かどうかが重要です。存命の場合、法定相続人は妻と親、すなわち早苗さんと亡くなった稔さんの両親となります（＊）。

親の法定相続分は全財産の3分の1→6000万円、こちらを夫婦で半分ずつ分けるので真一さん、佳乃さん、それぞれ3000万円ずつとなります。

真一さんの言い分は、自分がマンションを相続する（返してもらう）のだから、嫁の早苗さんはさっさと出て行けということです。早苗さんにしてみれば、ひどい話です。実は、早苗さんは家を出ていかなくても良いのです。というのは、民法の改正で、「配偶者短期居住権」が明文で認められ

るようになりました（2020年4月1日施行）。これは、妻（別居している場合はダメ）は、遺産の分割が終わるまでの一定期間、今までどおり、家に住み続けることができる権利です。早苗さんはそのままタダで家に住んでよいのです。

*親が既に死亡しているときは配偶者と兄弟姉妹。法定相続分は配偶者4分の3、兄弟は4分の1 ➡法定相続人の決め方はP6

弁護士よりひとこと

ハンコがないといった、形式上の不備があると遺言書は無効になります。ただ、早苗さんと話し合って遺言書が作成されているなどの事情がある場合、死因贈与として故人の遺志が認められる可能性もゼロではありません。死因贈与とは、死亡を条件として贈与を受ける生前の約束（合意）をいいます。

とはいえ、もめないためにも封をする前に不備がないか確認しましょう。

残念な遺言書

遺言書

預金のほか、私のその他の財産すべてを妻、早苗に一任します。

✕ 遺言書

本文のワープロ書きはNGです。

✕ その他

- メモ書きを印刷しただけの遺言書はNG
- 作成日付がない
- 署名・押印がない

ほかにも残念な点が

✕ 早苗に一任します

「一任する」はなんとなく、早苗さんに全財産を相続させると取れますが、全財産の事務手続きを一任するとも解釈できます。

配偶者短期居住権とは

前掲のページ（P9）で配偶者居住権を紹介しましたが、**配偶者短期居住権**は配偶者居住権とは別物です。どのような権利かというと、配偶者（早苗さん）が相続開始時（夫の稔さんが亡くなった日）に稔さんが持っている建物（マンション）に住んでいれば、遺産の分割がされるまでの一定期間、そのまま住み続けることができるというものです。

配偶者短期居住権は、稔さんの遺志に関係なく、遺言がなくても有効です。とはいえ、遺産分割が終わり、早苗さん以外の人がマンションを相続することになった場合、早苗さんはずっと住み続けるわけにはいきません。早苗さんがずっと、住むところに困らないようにするには、遺言で配偶者居住権を設定するか、早苗さんにマンションを相続させるのが確実です。そして、もう一つ、生前贈与という手もあります。詳細は次のページ（P74）で解説しています。

「残念」から「満点」の遺言書に！

遺言書を無駄にしないためには

遺言書を書くうえで、次の三つは最低限の必要事項になります。

①本文は自分で書く
②作成日付の記載
③署名・押印が必要

稔さんはワープロで遺言書を作成しましたが、自筆証書遺言（＊）を書くならば、ワープロを使わず、手書きでなければなりません。

また、日付や署名、ハンコの押印も忘れずに。三文判でも大丈夫ですが、ハンコは実印が望ましいです。せっかく書いた遺言書が無駄にならないようにするには、封をする前に専門家（弁護士、司法書士など）の確認を受けるとよいです。

ほかにも、この遺言書には問題点がありました。

「すべてを妻に一任する」という表現です。稔さんは妻の早苗さんが財産をすべて受け取るという意味で書いたのですが、解釈によっては、名義変更などの手続きを早苗さんに委任し、遺産の分割は法定相続分で執り行うという意味にもとれます。したがって、ここは一任ではなく、相続させると書くのが正解です。

自宅の生前贈与妻に朗報

早苗さんが住むところに困らないようにする手として生前贈与があります。ただ、法律では、遺産分割のときに、早苗さんが受けた財産も相続財産とみなす、**「特別受益の持ち戻し」**という制度があります（⬇P27）。

ところが、民法の改正で、配偶者への自宅の生前贈与が特別受益の対象外になりました。具体的には、結婚期間が20年以上の夫婦間で、配偶者に対して自宅の遺贈または贈与がされた場合には、持ち戻さなくてもいいことになりました（持ち戻し免除の意思表示推定規定・2019年7月1日施行）。

たとえば、生前、稔さんが妻の早苗さんにマンションを生前贈与したとします。稔さんの相続財産は預金等（2000万円）、株式（1億3000万円）、合計1億5000万円です。従来ならば、ここにマンション3000万円を持ち戻して、相続財産の合計は1億8000万円。

妻の法定相続分は全財産の3分の2→1億2000万円です（決め方⬇P6）。すでに3000万円のマンションをもらっているので9000万円になります。

ところが、改正で持ち戻しをしなくてもいいので、持ち戻し前の財産1億5000万円の3分の2→1億円、マンションのほかに1000万円も多くもらえることになったのです。

マンションを生前贈与して早苗さんのものにしておけば、相続のときに、ほかの相続人に追い出されることもありません。さらに、相続財産を多くもらえるのでお得です。

＊遺言書の種類はP7、88

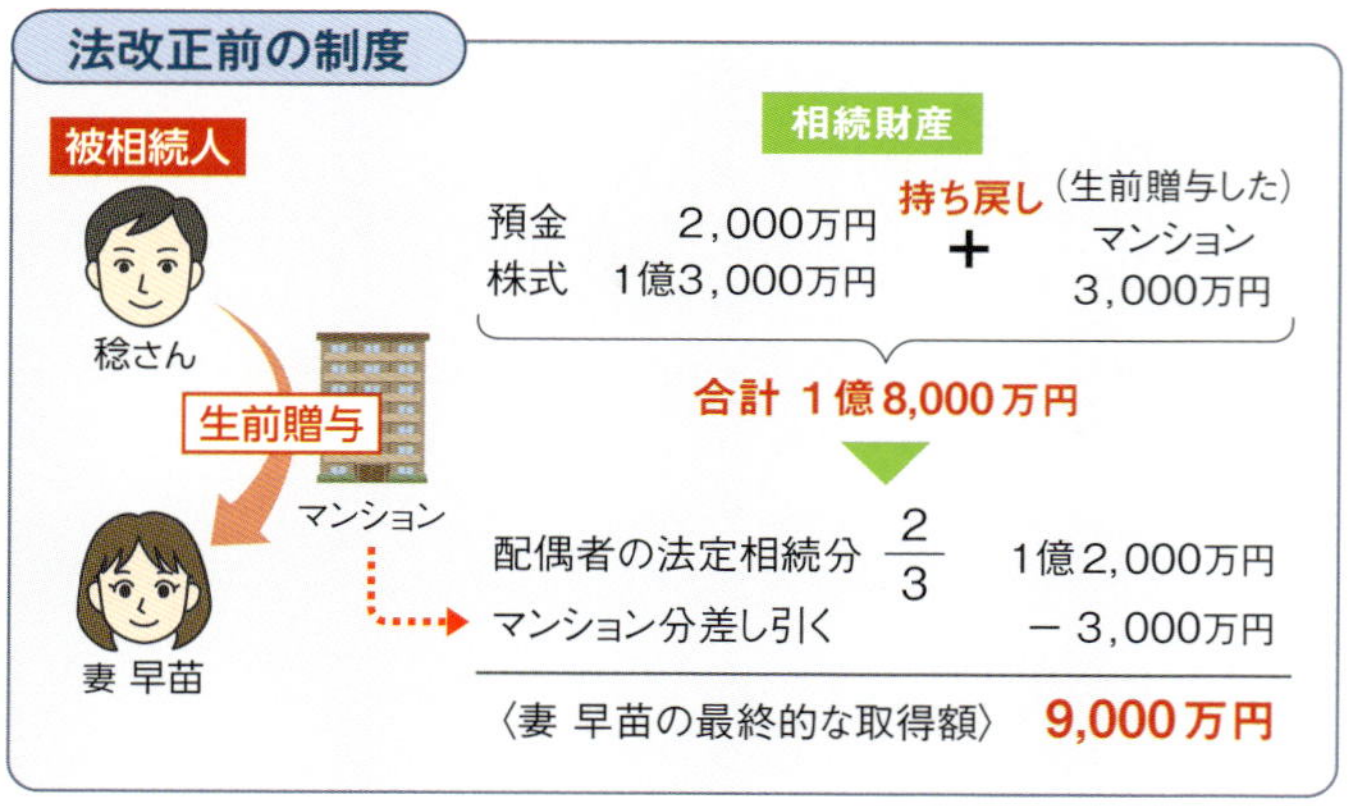

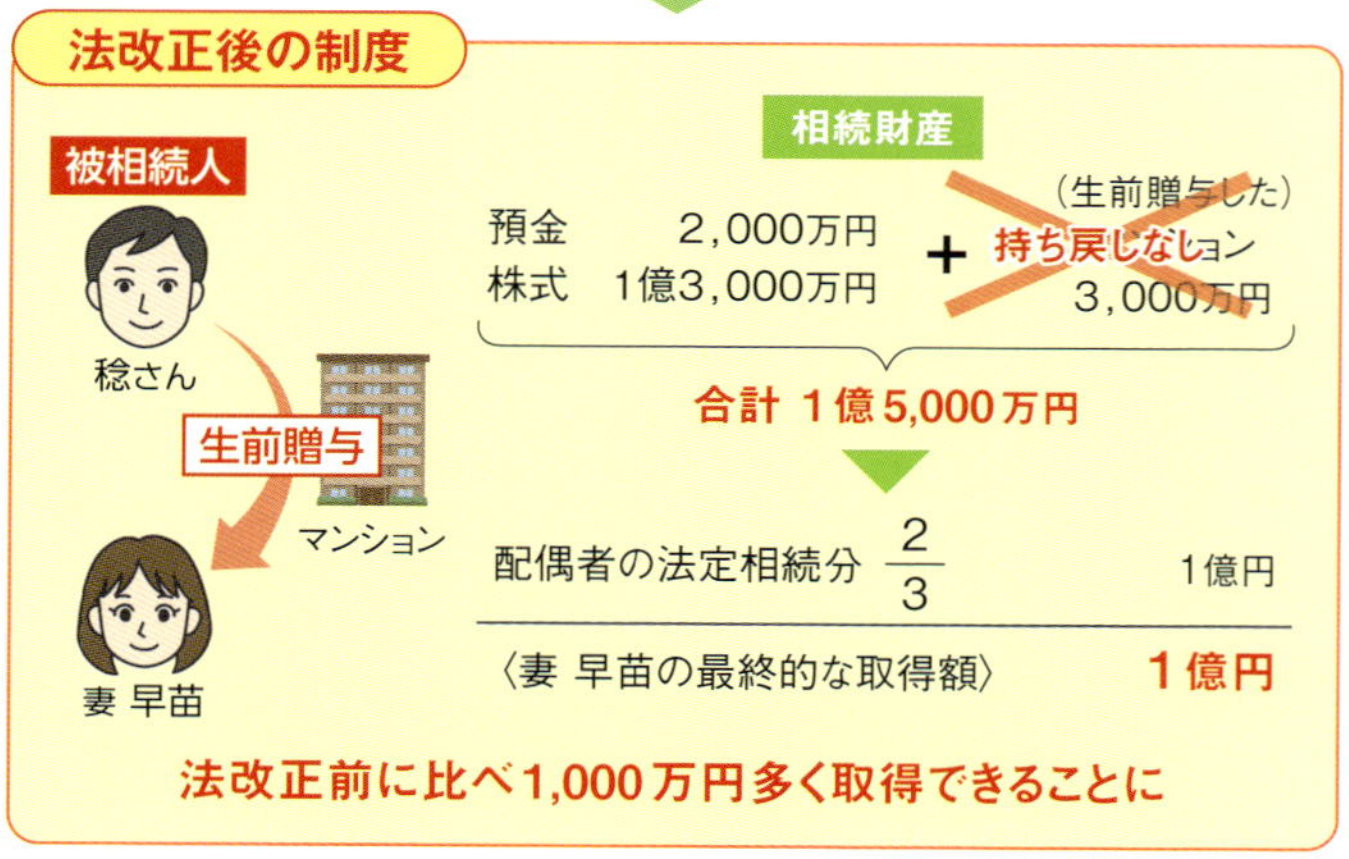

これで満点！

遺　言　書

私が持っている別紙の財産のほか、すべての財産を、
妻、早苗（昭和43年1月2日生）に相続させる。

20XX年9月1日

東京都品川区南蒲田橋1-5-31
小林　稔（小林）

遺言書

遺言書が無効にならないために最低限必要なこと
①本文は自筆
②作成日付の記載
③署名・押印が必要

別紙

別紙には全部事項証明書等のコピーや預金通帳のコピー、株式に関する情報を添付します。署名・押印が必要です。

相続させる

「一任する」から「相続させる」に直しました。
ただし、稔さんの父真一さんと母佳乃さんが存命なので、遺留分侵害額請求を早苗さんにされたら支払わなくてはなりません（➡P56、89）。

※別紙は省略。

法定相続人をチェック！

①法定相続人を知るには、まずは図の相続の**相続順位1**をチェックします。
　早苗夫婦は子どもがいないので、ここは該当せず。そのときは相続順位2へ。
②相続順位2は親。父の真一さんと母の佳乃さんが存命なので該当します。

被相続人：小林稔
法定相続人：小林早苗（配偶者）　小林真一（父）　小林佳乃（母）
• 早苗さんが一人で全財産を受け取るのは、「子ども、父母、兄弟姉妹、いずれも0人」のときになります。

● 法定相続人

相続順位1
子

・子どもがいる ➡ **配偶者 ＋ 子ども**
親、兄弟はいても法定相続人ではない

相続順位2
親

・子どもはいない
・親がいる
➡ **配偶者 ＋ 父母**
兄弟はいても法定相続人ではない

相続順位3
兄弟姉妹

・子どもはいない
・親はいない
・兄弟姉妹がいる
➡ **配偶者 ＋ 兄弟姉妹**

File No. 16

孫に残す遺言書の書き方とは

母・雛子の相続財産

不動産（自宅のほか賃貸用のマンション）	約7,000万円
株式	約4,300万円
預金	約9,700万円
合計	約2億1,000万円

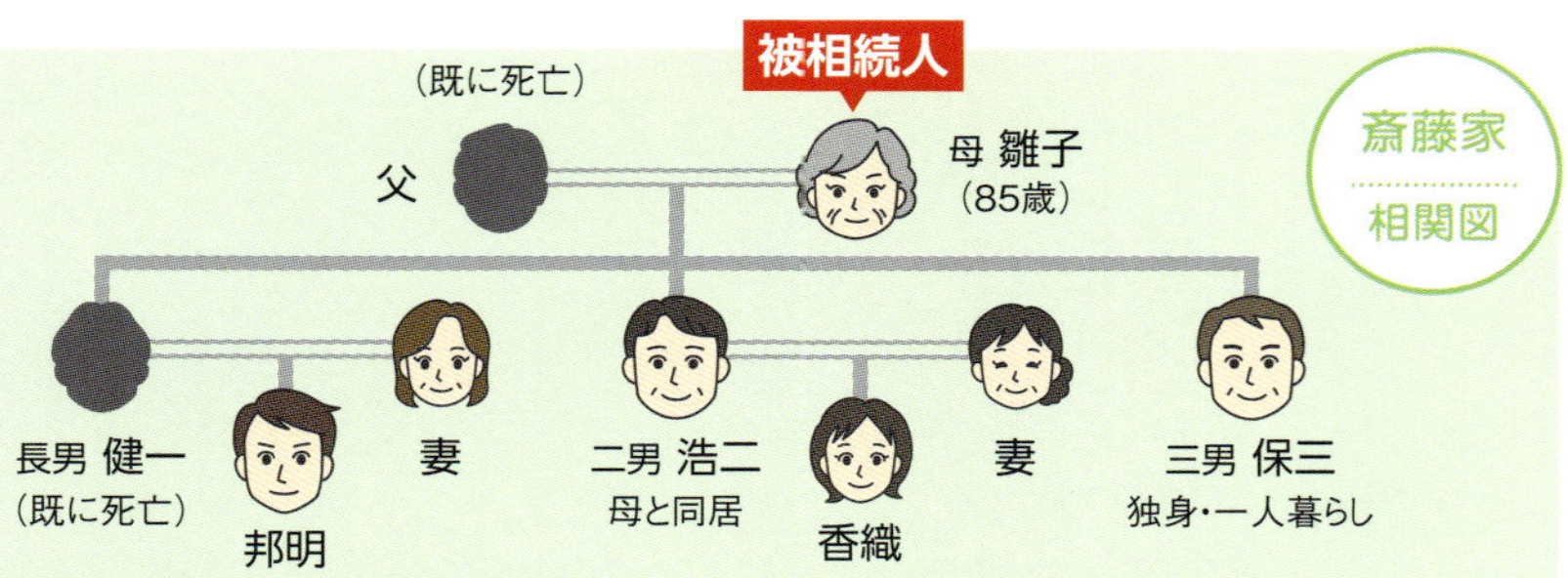

	長男 健一（既に死亡）	長男 妻	長男の子 邦明（代襲相続人）	二男 浩二	二男 妻	二男の子 香織（父親が存命のため代襲相続人にならない）	三男 保三
法定相続人	×	×	○	○	×	×	○

絶縁状態になっている孫がいる雛子さんのストーリー

雛子は85歳の誕生日に、がんの余命宣告を受けた。夫から引き継いだ財産を息子たちにスムーズに分けなくてはいけない。そこでさっそく、二男と三男に財産を残す遺言書を書いた。

雛子には長男である健一がいたが、20年前に亡くなっている。健一には邦明という子どもが一人いた。

健一の葬儀のとき、健一の妻に雛子は言い放った。

「息子が早死にしたのは、あなたの手当が悪かったからよ！」

それ以来、健一の妻はもとより、邦明にも一度も会っていなかった。

「邦明は健一にそっくりだ。長いこと会っていないけれど、邦明には財産を残したい」

雛子はそう思いながら、ほどなく亡くなった。

子どもが親の代わりに遺産を受け取る「代襲相続」

子どもが亡くなっているときは、その子どもに代わって、その子（被相続人にとっては孫）が法定相続人になります。これを**代襲相続**といいます。子（孫）が複数人いるときは、子が受け取る財産を人数で割ります。

健一さんの子邦明さんには、健一さんが受け取るはずだった遺産を受け取る権利があります。

しかし、雛子さんの遺言書には、二男と三男に自分の財産を残すと書いてありました。邦明さんはこのままだと何ももらえません。

相続が発生した（雛子さんが亡くなった）ことを知ったら、邦明さんは**遺留分侵害額請求**（P56、89）ができます。子どもには、遺産を受け取る最低限の権利があり、それを遺留分といいますが、孫も遺留分を代襲相続できます。

しかし、永年交流がなく、雛子さんが亡くなったことを親族が知らせるすべもありません。遺留分を請求することもないまま、雛子さんの想いはかなわずに、邦明さんには雛子さんの財産は一円もいき渡りませんでした。

また、雛子さんは二男浩二さんの子（孫にあたる）香織さんをとてもかわいがっていました。二男の受け取った財産から香織さんに渡してね、と言われていたので、浩二さんは雛子さんの死後、D銀行の預金を香織さんに渡そうとしましたが、税理士先生から、「それは贈与に当たりますので贈与税がかかりますよ」といわれて断念、香織さんにも想いをとどけることはできませんでした。

残念な遺言書

遺言書

1、私が持っている別紙1の不動産と株式および別紙2のD銀行の預金を、
二男浩二（昭和38年1月15日生）に相続させる。

2、私が持っている別紙2の預金を、
三男保三（昭和43年2月28日生）に相続させる。

令和×年7月1日

東京都品川区大森東村町52-1

斎藤　雛子　（斎藤）

❌ **遺言書**
孫である邦明さん（長男の子）の**遺留分を侵害**しています。

ほかにも残念な点が

❌ **遺言書**
浩二さんがもらった遺産から香織さんに分けてほしいと言っていましたが、**孫に関する記載がありません**。

※別紙1は不動産と株式の財産目録、
別紙2は預金の財産目録とする。
別紙は省略。

邦明さんの遺留分はいくら?

遺留分とは、法律で保障されている一定の相続割合のことです。

［遺留分の計算方法］

①兄弟姉妹には遺留分はありません。

②図の中のどのパターンが該当するかチェックします。子どもがいない家庭で配偶者のみなら「1.配偶者のみ」が該当します。斎藤家は被相続人の配偶者である父が亡くなっているので「5.子のみ」です。

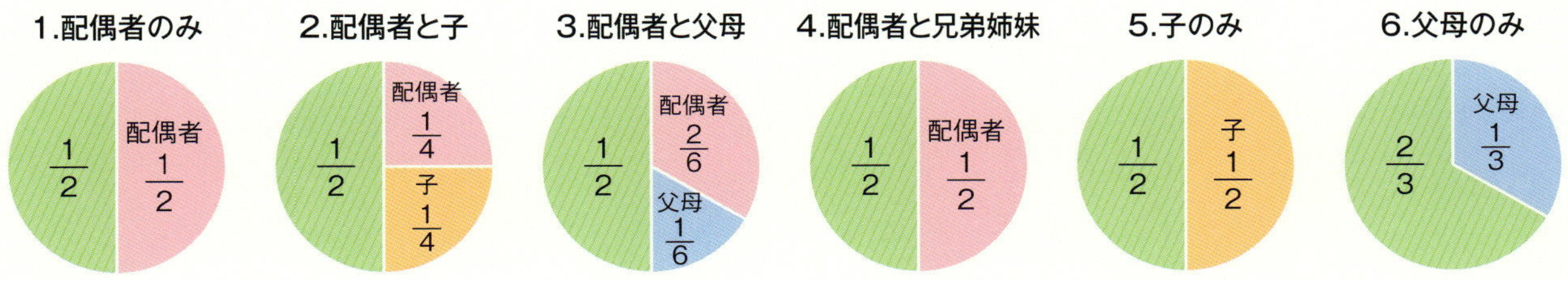

配偶者・父母・子　遺留分＝法定相続分の半分　兄弟姉妹　遺留分＝なし　［斜線］：遺留分侵害額請求の対象とならない分

②「5.子のみ」の遺留分は1/2。それを子どもの数（3人：邦明（健一の代襲相続人）、浩二、保三）で割ります。

$\frac{1}{2} \div 3$

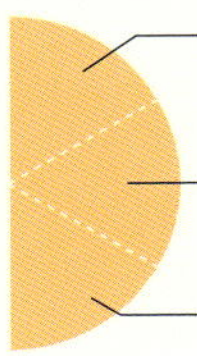

長男の子・邦明（健一の代襲相続人）　$= \frac{1}{6}$ ➡ 邦明さんの遺留分：$\frac{1}{2}$ × 法定相続分 $\frac{1}{6} = \frac{1}{12}$

二男・浩二　$= \frac{1}{6}$

三男・保三　$= \frac{1}{6}$

雛子さんの財産 約2億1,000万円 × $\frac{1}{12}$ ＝ 1,750万円

＊遺留分➡P89でも詳しく解説しています。

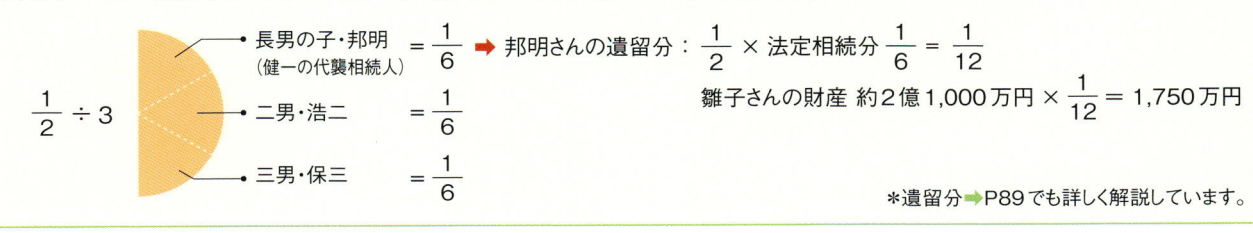

「残念」から「満点」の遺言書に！

孫に残したいなら遺言に書いて確実に残す

かわいい孫に、自分の財産を渡したいと考えるなら、きちんと遺言に書いておきましょう。生前の想いが伝えられます。

邦明さんは亡くなった長男の子で代襲相続人になり、法定相続人となります。しかし、香織さんは同じ孫でも、香織さんの父の浩二さんは存命ですので、代襲相続人とはならず、つまり、法定相続人にはなりません。

ですから、香織さんは相続税が2割加算になります。遺族全体の相続税を考えながら遺言を書きましょう。

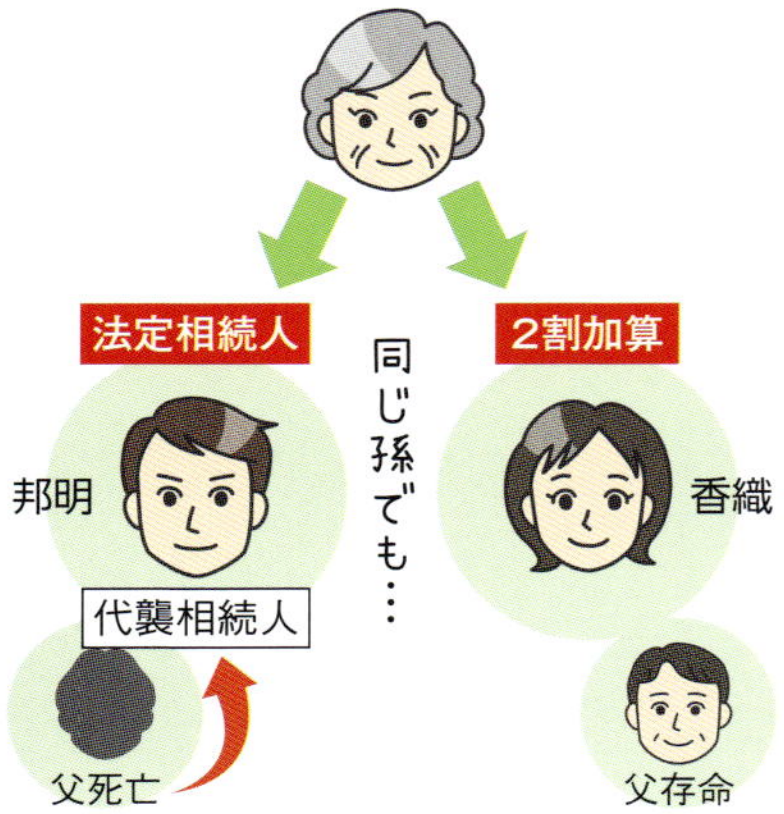

法定相続人と法定相続分を確認

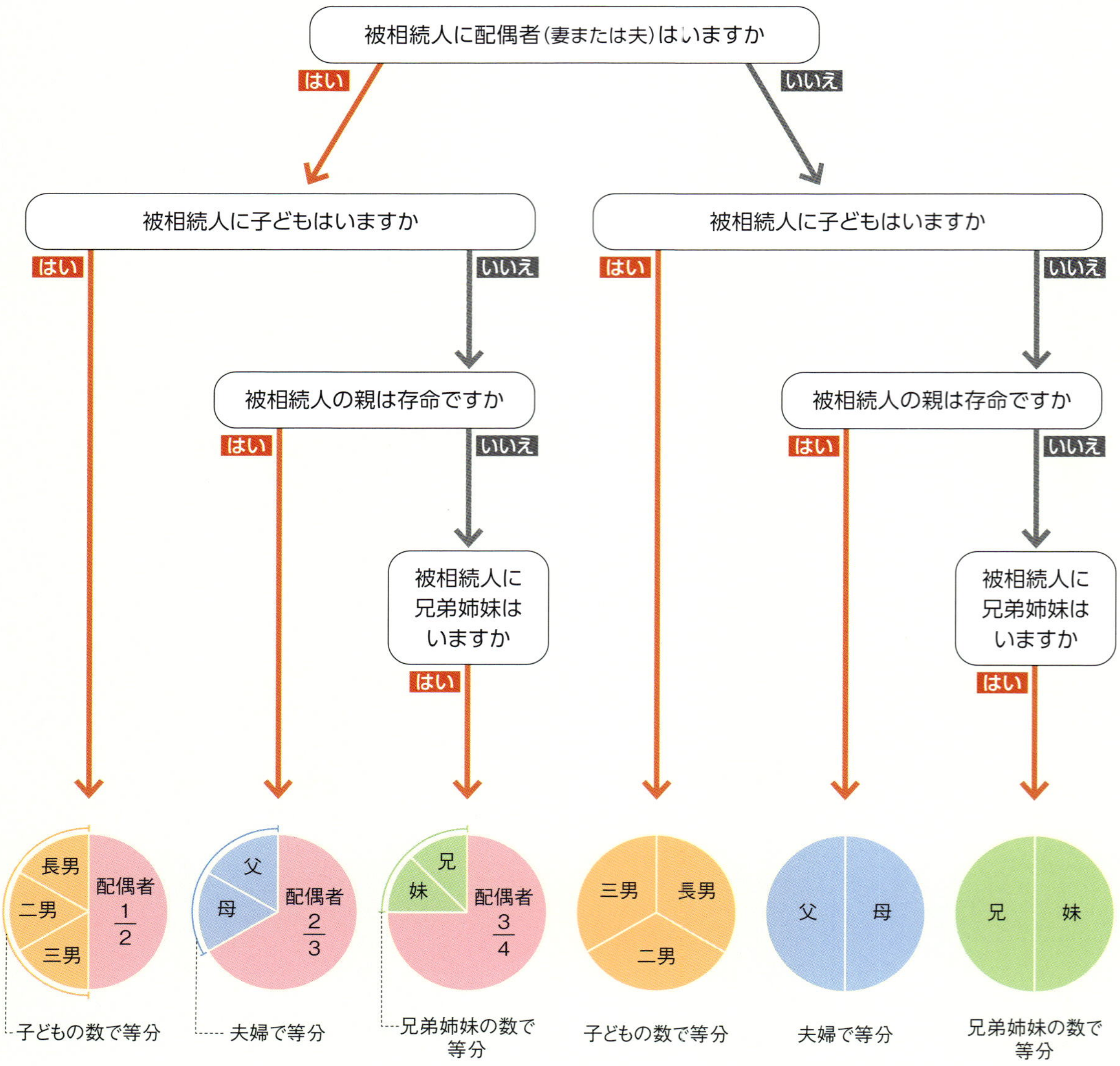

これで満点！

遺言書

1、私が持っている別紙2のC銀行の預金を
亡長男健一の長男邦明（平成7年12月1日生）に
相続させる。

2、私が持っている別紙1の不動産と株式を、
二男浩二（昭和38年1月15日生）に相続させる。

3、私が持っている別紙2のD銀行の預金を
二男浩二の長女香織（平成8年7月20日生）に
遺贈する。

4、私が持っている別紙2のA銀行とB銀行の預金を
三男保三（昭和43年2月28日生）に相続させる。

令和X年7月1日

東京都品川区大森東村町52-1

斎藤 雛子 斉藤

たいへんよくできました

二男浩二の長女香織

孫に財産を渡すことができます（ただし、相続税は2割加算➡P31）。

※別紙1は不動産と株式の財産目録、
別紙2は預金の財産目録とする。
別紙は省略。

代襲相続とは？

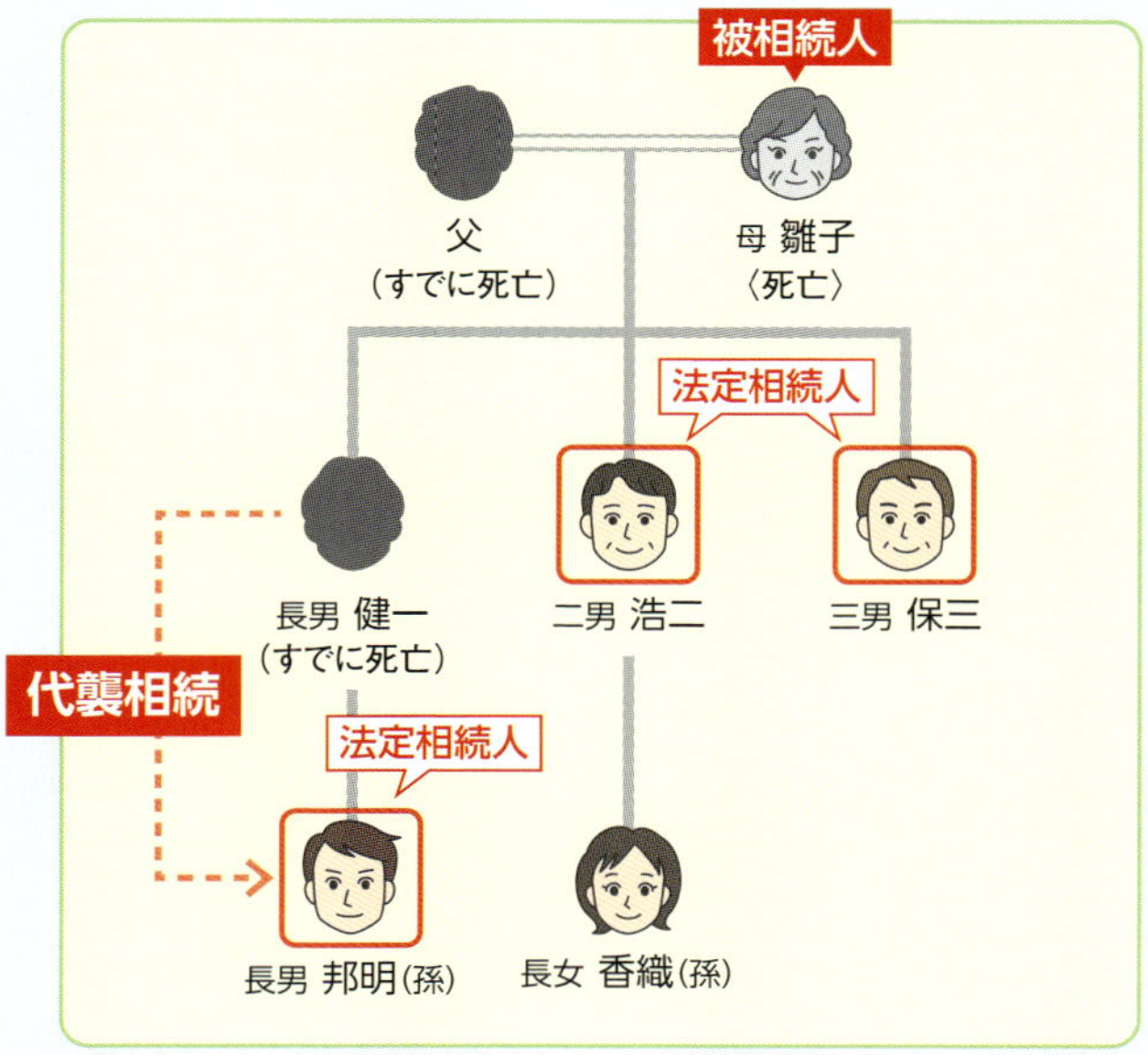

〈法定相続人と法定相続分〉

配偶者	子ども（と代襲相続の孫）
0人	3人 二男 浩二　三男 保三　長男 健一の子 邦明
― （父 すでに死亡）	一人当たり $\frac{1}{3}$

Column
コラム

遺言書を書いてもらうには

遺言書のお願いは言い出しにくい

ここまで遺言書の書き方を学んできました。自身の遺言書についての心配はなくなりましたか？

ところで、平均寿命に目を向けると、女性よりも男性のほうが短く、残されるのは女性と子どものほうが確率は高くなります。読者の皆さまの中には、お父さんに遺言書を書いてほしいと内心思っている人もいるでしょう。

とはいえ、お父さんに遺言書を書いてほしいとお願いをするのは言い出しにくいものがあります。そこで、どのようにして促したらよいのか、四つのパターンを紹介します。

①みんなで話し合う（理想形）
②相互に遺言書を書き合う
③ほかの家族で先に話し合う
④ストレートに提案する

①みんなで話し合う（理想形）

理想の形は、家族全員でざっくばらんに話し合いをすることです。家族が「ウチは財産が少ないから遺言書なんて必要ない」などと気乗りしないようならば、この本にある、遺産の額が少ない家でも裁判で争いは多いというデータ（⬇P19）をみせましょう。遺言書の必要性をわかってもらえるに違いありません。

事前の準備としては、財産の内訳を大まかに把握しておき、家族それぞれの法定相続分を計算しておくことです。法定相続分を基準に、自身の要求についてどのくらいが妥当か目安をつかんでおきましょう。法定相続分がわからないときは、事前に弁護士や税理士などの専門家に相談してアドバイスを仰ぐとよいです。

②相互に遺言書を書き合う

平均寿命は男性のほうが短いのですが、人の死はいつ訪れるかわかりません。妻や子どものほうが早く亡くなる可能性はゼロではありません。そこで、家族全員が遺言書を書いてみてはどうでしょうか。たとえば、子どもがまず遺言書を書きます。そして、お父さんに「私が先に死んでも、お父さんとお母さんが老後、困らないように、私の預金、お母さんにも分けるように遺言書を書いたよ」などと伝えてみましょう。お父さんとしては、子どもが自分のことを心配してくれて、うれしいはずです。その後、家族全員で遺言書を作成するように提案してみましょう。

③ほかの家族で先に話し合う

本来ならば、家族全員で話し合う

のが理想です。ただ、家族とはいえ、それぞれの胸の内は正確にはつかめません。万が一、話し合いが決裂したら余計に面倒なことになると考える人もいるでしょう。決裂のリスクを少なくするには、事前にお父さん以外の家族で話し合いを進め、それぞれの意見をすり合わせておくことが大切です。たとえば、子ども二人の四人家族の場合、お母さんは不動産と預金、兄は株式、妹は預金を多く……。それぞれの価値観、生活の事情に合わせて、どのように遺産を分割するか話し合っておくのです。

　その後、話し合った結果をお父さんに伝え、「兄弟間でもめたくないので、遺言書を書いてくれないか」とお願いするのが良いと思います。お父さんとしては、自分の死をきっかけに仲のよい家族が争うのは辛いものがあります。遺言書を書くことで皆が幸せになるのならば、進んで書きたいと思うでしょう。

　ポイントは、遺言書を書く前に、再度、お父さんも交えて家族全員で話し合い、お父さんの意見にも耳を傾ける場を設けることです。遺言書を書くのはお父さんです。気持ち良く書いてもらうために、お父さんの意見を一番優先する姿勢をみせましょう。

④ストレートに提案する

　お父さんが事業を経営し、子どもが後を継ぐことになっている家族は、ストレートに「遺言書を書いてくれないか」と、提案しても構わないでしょう。P68にも示しましたが、遺産分割があいまいですと、経営自体に悪影響が及ぶこともあります。

　お父さんに遺言書の必要性を説明し、作成してもらいましょう。お父さんとしては子どもに事業を継いでもらい、さらに発展させてほしいはずです。遺言書を書いてくれるに違いありません。

認知症になったら遺言書は書けない

　お父さんの中には、自分はまだまだ元気、遺言書なんて必要ない、と主張する人もいるでしょう。ただ、遺言書の準備は早いほうが望ましいのです。というのも、認知症などになったら、遺言書が書けなくなるからです。また、繰り返しになりますが、認知症であることが証明されると、遺言書が無効になることもあります。

　遺言書をはじめとする、いわゆる「終活」は早めに準備しておくことが大切です。早めに遺言書とお墓の準備をすると長生きするという言い伝えもあります。実際、病気を患った人が、墓や遺影などの準備をした後、以前よりも元気になったという例は少なくありません。

遺言書を書いてみよう

1 財産チェックリスト

遺言書を作るには、まずご自分が持っている財産を整理する必要があります。そこで、財産チェックリストを作成し、どのような財産をいくら持っているのか整理するとよいでしょう。

どの銀行に口座があるのかなどを相続人が知らず、相続財産がわからないままになるケースもありますので、そのような事態を防ぐためにも必要です。

下記の記載例のように、一覧表にするとわかりやすいでしょう。

ここに注意!!

①マイナスの財産：借入金などの債務はマイナスの財産として相続財産に含まれますので、これも財産チェックリストに記載してください。

②評価額：預金や上場株式など時価のはっきりしている財産は、現時点の時価または相続時の予想金額を財産チェックリストに記載します。
不動産の時価を算出するのは難しいのですが、ここでは時価を概算する一例として以下の評価方法をご紹介します。

土地の評価額	市町村（東京都は都税事務所）から毎年届く固定資産税納税通知書に記載されている土地の「価格」欄の金額は、時価の概ね70%とされています。ですから、**この価格÷70×100**を概算の評価額と考えてもよいでしょう。
家屋の評価額	固定資産税納税通知書に記載されている家屋の「価格」欄の金額は、概算の評価額として利用できます。

※相続税の申告や遺産分割調停での評価額とは異なります。

記載例

種　類	明　細	地積・数量	評価額（円）	取得者	
				長女	二女
土地・借地権	○○県△△市XX1丁目777番	200.00㎡	30,000,000	30,000,000	
家屋	○○県△△市XX1丁目777　家屋番号777-1	100.00㎡	6,000,000	6,000,000	
有価証券	××自動車　株式	1,000株	3,000,000		3,000,000
現預金	手許現金		1,000,000	1,000,000	
	□□信用金庫　普通預金 12345678-01		10,000,000	3,000,000	7,000,000
	○○銀行△△支店　普通預金 1234567		10,000,000	10,000,000	
ゴルフ会員権	○○カントリークラブ正会員	1口	3,000,000		3,000,000
書画・骨董類・家財	宝石その他家財一式		1,000,000		1,000,000
	自家用車		1,000,000		1,000,000
借入金	○○銀行△△支店		△ 20,000,000	△ 20,000,000	
合　計			45,000,000	30,000,000	15,000,000

★この部分は、あとで記入してよい。

2 実際に記入してみよう

下表に財産（債務を含む）を記載してください。まずは種類・明細・地積・数量・評価額を記載します。その後、P84の家族関係図を書いてみるなどして、どの財産をどなたに相続させるかをじっくり考えて、取得者の欄に記入してください。

種類	明細	地積・数量	評価額（円）	取得者（財産を受け取る人）			
合計							

預貯金は遺産分割の対象に含まれる？

これまでは、預貯金などの金銭債権は、相続の開始により当然に法定相続分どおり分割され、遺産分割の対象に含まれないとされていました。そのため、一部の相続人だけが生前贈与を受け、預貯金しか相続財産がない場合でも、法定相続分どおり預貯金が分割され、生前贈与を考慮した遺産分割を行うことができないという問題点がありました。

そこで、平成28年12月19日の最高裁判決により、預貯金は遺産分割の対象に含まれ、当然には分割されないことになりました。

そうすると、被相続人の預貯金から生活費を支出していた相続人は遺産分割協議が成立するまで生活費を支出することができなくなり困ったことになります。そこで、民法が改正され、遺産分割協議が成立する前に共同相続した預貯金のうち「相続開始前の預貯金の３分の１×仮払いを求める相続分」かつ「金融機関ごとに法令で定める額（現時点では１５０万円）」を上限に、金融機関の窓口で相続人が払い戻しを受けられることになりました（２０１９年７月１日施行）。

3 家族関係図を書いてみよう

1 法定相続人をイメージしてみましょう
2 遺産を分けたい人を○で囲ってみましょう
3 基礎控除額を計算してみましょう

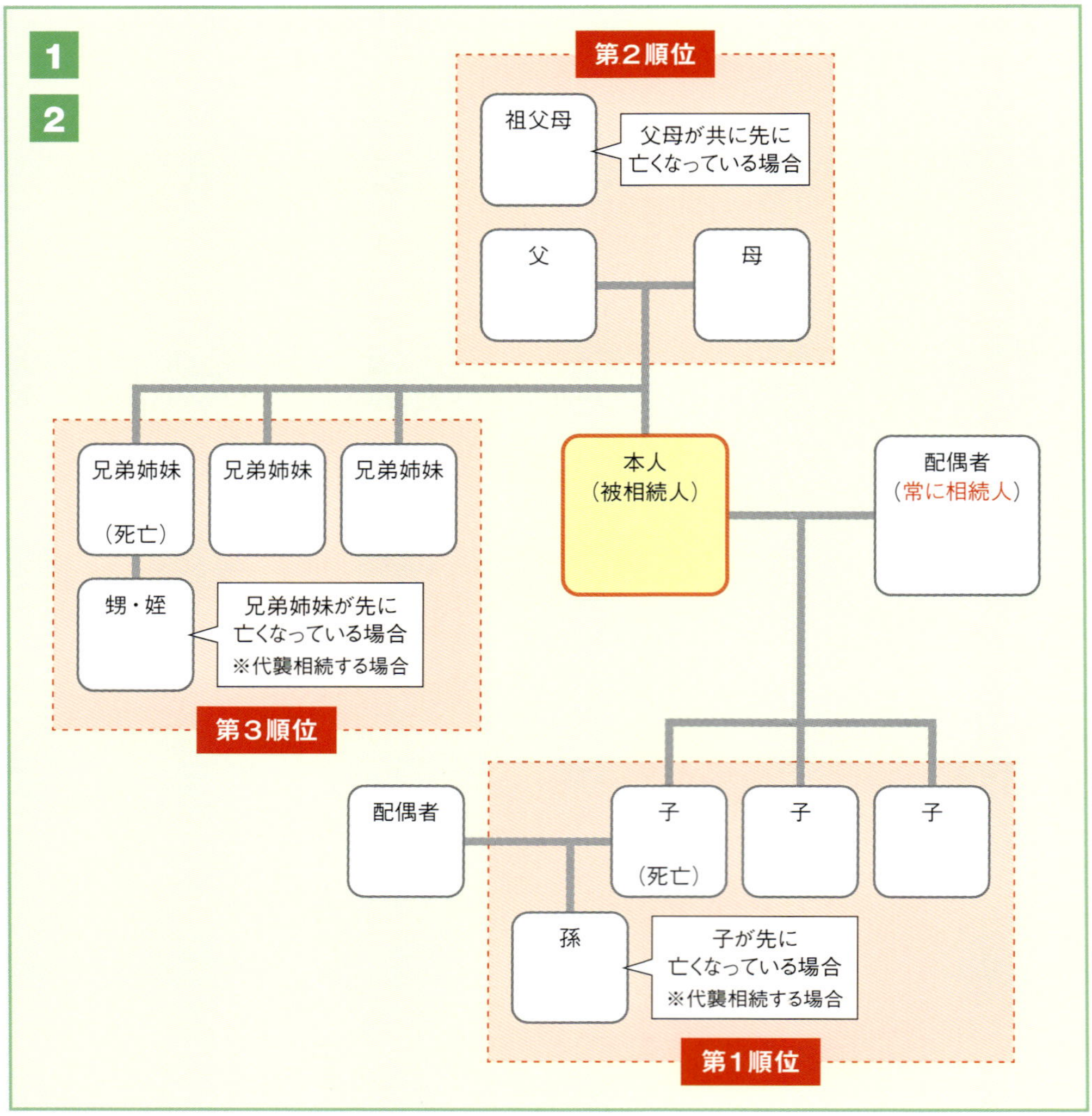

3 基礎控除額の計算

3,000万円 ＋ 600万円 × 法定相続人の数 ［　　］人 ＝ ［　　　］万円

あなたの財産の総額は、算出した基礎控除額よりも多いでしょうか。少ないでしょうか。

多ければ、相続税がかかる可能性があります。（➡P90～「相続税について」参照）

遺言書作成のポイント

- □ ご自宅は今後住む方が相続するのがよいでしょう。
- □ 不動産を共同で相続させると争いの元となるので避けるべきですが、他に分ける財産がない場合や、相続後に売却する予定であれば共有も考えられます。
- □ 不動産と紐付きの借入金は、不動産を取得する方に相続するほうがスムーズです。
- □ 相続税がかかる場合には、相続人が納税資金を確保できるように金融資産の分け方を配慮するとよいでしょう。

4 遺言の方法を考えてみよう

現在の財産と推定の法定相続人の数などの整理ができたら、実際に遺言を書いてみましょう。

遺言には三つの方式があります。それぞれのメリットとデメリットを考えて方式を選択しましょう。

遺言の方式としては、①自筆証書遺言、②公正証書遺言、③秘密証書遺言がありますが、一般的には①か②を選択します。

公正証書遺言	自筆証書遺言
公正証書によって作成する遺言のこと	遺言者が自筆で作成する遺言のこと

＊秘密証書遺言は割愛しています（3つの方式についてはP7、88に比較表を掲載）。

5 自筆証書遺言とは

法律が改正されて、自筆証書遺言が作りやすくなっています。トライしてみましょう。

【必要な条件】

①財産目録以外は自書する

自筆証書遺言は、遺言者が「自書する」必要があります。他人に代筆をしてもらったり、パソコンで作成した遺言書は無効です。自筆証書遺言には、「誰に」「何を」あげるのかを明確に記載するようにしましょう。

財産目録は、パソコン入力したものや、通帳のコピー等を別紙として添付すればよくなりました。財産目録の記載内容は不動産の場合は、全部事項証明書（登記簿謄本）に記載されている所在、地番、地目、地積、家屋番号、種類、構造、床面積、持分比率を、また、預貯金の場合は、銀行名、支店名、預金の種類、口座番号、名義を記載しましょう。

②氏名を自書する

③遺言書を作成した日付も忘れずに記載する

遺言書を作成した日付も自書する必要があります。ゴム印や日付印を用いた遺言書は無効です。また、日付は特定日を記載する必要があります。「●年●月吉日」というような記載がなされた遺言書は無効になります。

④遺言者が押印する

遺言者自身が押印する必要がありますが、使用する印鑑は実印である必要はありません。認め印でも拇印でもよいです。ただ、後の争いを防止することを考えると、実印を使用し、印鑑登録証明書を添えることをおすすめします。

⑤財産目録や通帳のコピー等の別紙にも署名し押印する

一枚ごとすべてに署名して押印しなければなりません。

⑥修正方法

自筆証書遺言を作成した後に内容を追加したり、削除したり、その他変更を行う場合は、遺言者がその場所を指示し、これを変更した旨を付記して特にこれを署名し、かつ、その変更場所に押印しなければなりません。ただし、単に字句を訂正した場合やその訂正が補充的・付随的なものであるときは無効にならないとされています。

6 遺言書に書いておくとよい事項など

①遺言執行者の指定

遺言の内容を執行する人を遺言執行者といいます。遺言執行者を指定しておくと、遺言者が亡くなった後の手続きがスムーズになりますので、自筆証書遺言の中で遺言執行者を指定することをおすすめします。

また、遺言執行者は、相続財産の管理その他遺言の執行に必要な一切の行為をすることができますが、実務上、預貯金や貸金庫の解約の際、相続人全員の同意を求められることがあります。このような場合に備え、遺言執行者に対し、預貯金や貸金庫の解約手続きの権限を与えておきましょう。

②祭祀承継者

「長男が仏壇やお墓を守る」ということが当然とされていた時代もありましたが、最近では、誰が仏壇やお墓を守るのかということで争いが起きることも増えてきました。そこで、後に争いにならないよう、この点についても遺言書で明記しておきましょう。

③付言事項

法律上の効果はありませんが、自筆証書遺言には、遺言を作成するに至った経緯や遺言者の気持ち（たとえば、「私が死んだ後に兄弟でもめてほしくない」）なども記載することができます。

④検認

自筆証書遺言の場合、遺言書の保管者または遺言書を発見した相続人は、遺言書を家庭裁判所に提出して、検認の請求をしなければならないとされています。これを検認の手続きといいます。検認の手続きを怠ったり、検認手続きを経ずに遺言書を開封してしまったりすると、5万円以下の過料に処せられます。なお、自筆証書遺言は必ずしも封筒に入れて封印する必要はないのですが、遺言書が封筒に入れられ封印されていた場合、その保管者などは封印を開封せずに、検認の請求をしなければならないとされています。

遺言書の保管者には遺言書を預ける際に「必ず家庭裁判所に検認の請求をするように」と伝えればよいですが、相続人に黙って遺言書を作成し、相続人がたまたま遺言書を発見したような場合は何も知らずに封筒の封印を解いてしまったり、そのまま遺言を執行してしまったりするかもしれません。そこで、遺言書または封筒に「この遺言書は必ず家庭裁判所に提出し検認の請求をする必要があります」と記載しておきましょう。

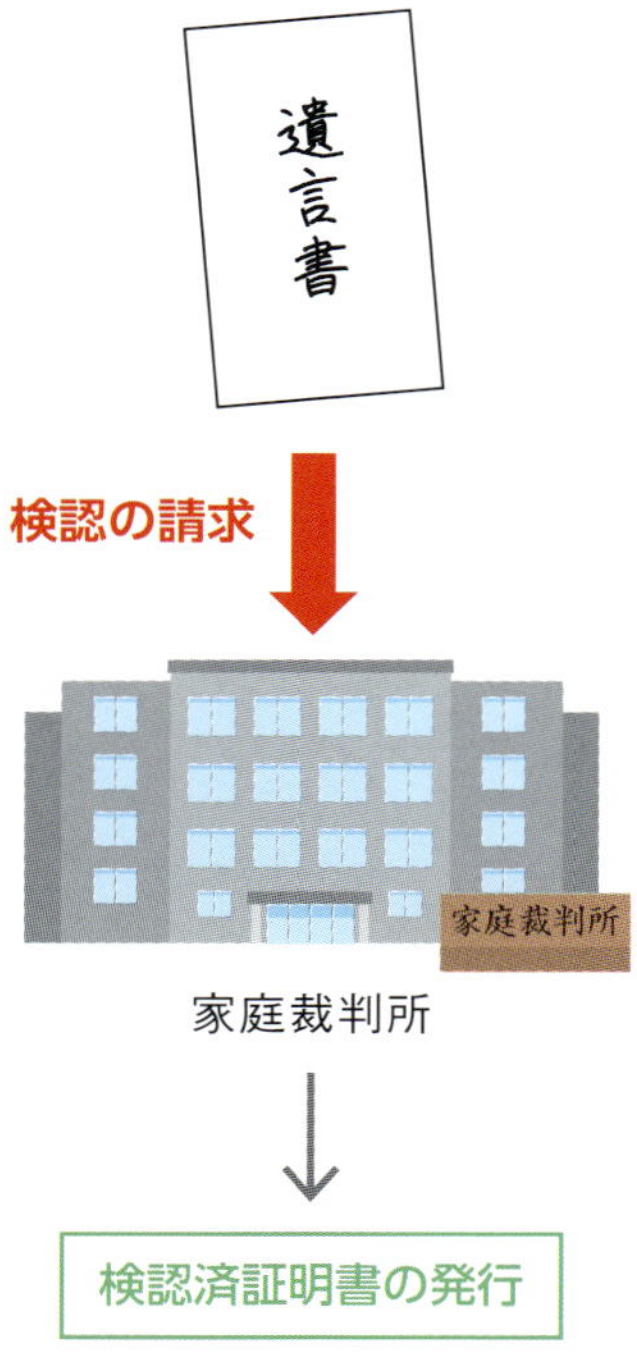

検認済証明書は預金の払い戻しなどで必要（P21）

2020年から保管方法の選択肢が増えます

自筆証書遺言書は自宅で保管し、遺言者が亡くなったら家庭裁判所で検認の手続きをしなければならない、というのがこれまでの法律でした。

民法改正によって、法務局の「遺言書保管所」で遺言書を保管してもらうことが、2020年7月10日からできるようになります。この場合、検認の手続きは不要です。これによって、自宅に保管する以外の選択肢が増えることになります。

遺言書は原本のほかに画像データとしても法務局に保管されます。遺言者の死後、保管されているかどうか調べること（「遺言書保管事実証明書」の交付請求）ができ、また、遺言書を保管している遺言書保管所において遺言書を閲覧することもできるようになります。

7 自筆証書遺言 記載例

すべて自書する必要があります

別紙

遺　言　書

1. 私の持っている次の不動産を長男甲野一郎（昭和●年●月●日生）に相続させる。

①土地　所　在　●●区●●一丁目
地　番　24番5
地　目　宅地
地　積　100㎡

②建物　所　在　●●区●●一丁目　24番地5
家屋番号　24番5
種　類　居宅
構　造　鉄骨造陸屋根2階建
床面積　1階　50㎡
2階　50㎡

2. 私の持っている次の預金を遺言者の長女甲野花子（昭和●年●月●日生）に相続させる。
●●銀行 ~~△△~~ 支店 ××（甲野）　普通1234567

3. 以上に記載した財産以外の財産は乙野太郎（●●県●●市●●。昭和●年●月●日生）に相続させる。

4. 遺言執行者として次の者を指定する。
所　在：東京都新宿区新宿●－●－●　　氏　名：弁護士 新宿　花子

5. 遺言者は、遺言執行者に対し、遺言者の有する預金について名義変更・解約および払戻しをする権限並びに遺言者名義の貸金庫があるときは、これを開扉又は解約し収納物を取り出す権限を与える。以上の手続きをするについては他の相続人の同意を要しない。

6. 一郎は私と同居して私の面倒をみてくれました。そこで、一郎と私が同居していた①土地と②建物は一郎に相続させたいと思います。その代わり、花子には●●銀行の預金をのこします。二人はとても仲のよい兄妹でした。私が亡くなった後も相続でもめることなく、仲良くしてください。
ところで、私は生前、乙野さんに大変お世話になりました。もし、二人に相続させる財産以外の財産がある場合は、乙野さんにそれを渡してください。
最後に、一郎、花子よい人生をありがとう。

令和●年●月●日

東京都●●区●●1－24－5
甲野　太郎（甲野）

※本遺言書第2項の「△△」の2文字を削除し、「××」の2文字を加筆する。　甲野　太郎

生年月日や住所を記載して人物を特定しましょう

修正箇所には必ず押印してください

付言事項を記載することもできます

作成日を必ず記載してください

字句修正する場合は必要です 署名も忘れずに!

署名も押印も必要です!

別紙で財産目録を付ける場合、財産目録（一覧）はパソコンで入力したもの、または通帳や全部事項証明書（登記簿謄本）のコピーでもよい。プリントアウトしたものまたはコピーしたもの一枚ごとに署名と押印をすること（詳しくは本書の例を参照）

遺言書を封筒に入れる場合は封筒に記載しましょう

「遺言書保管所」で保管している場合は検認は不要です（2020年7月10日～）

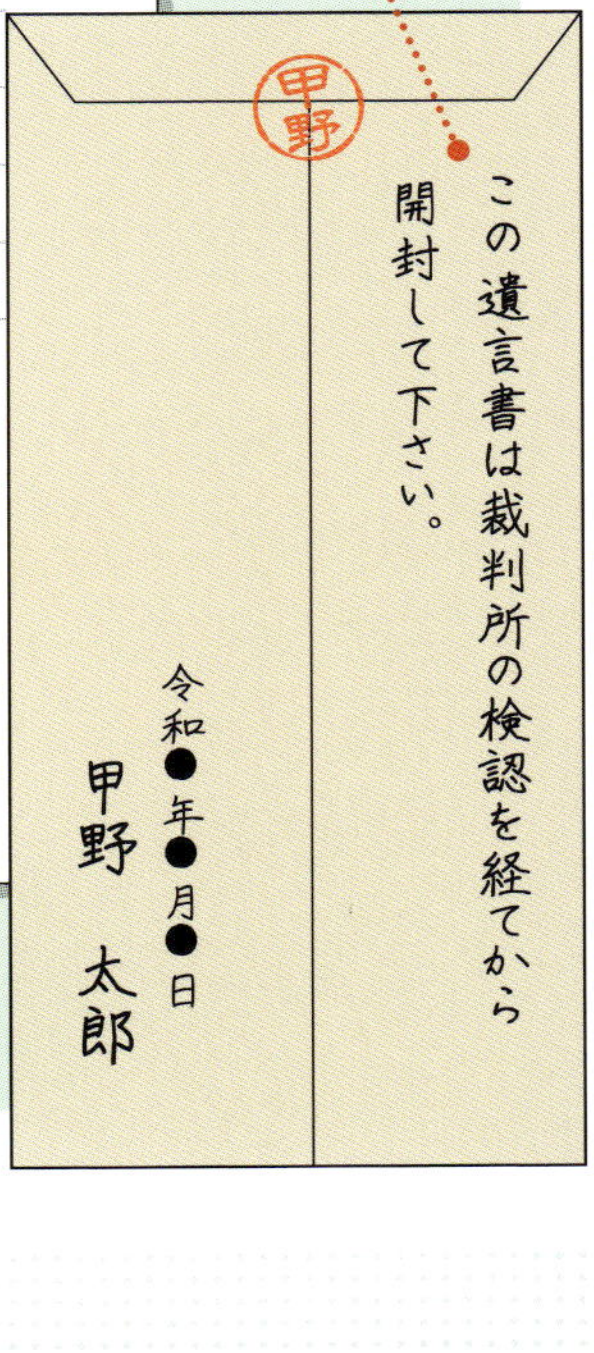

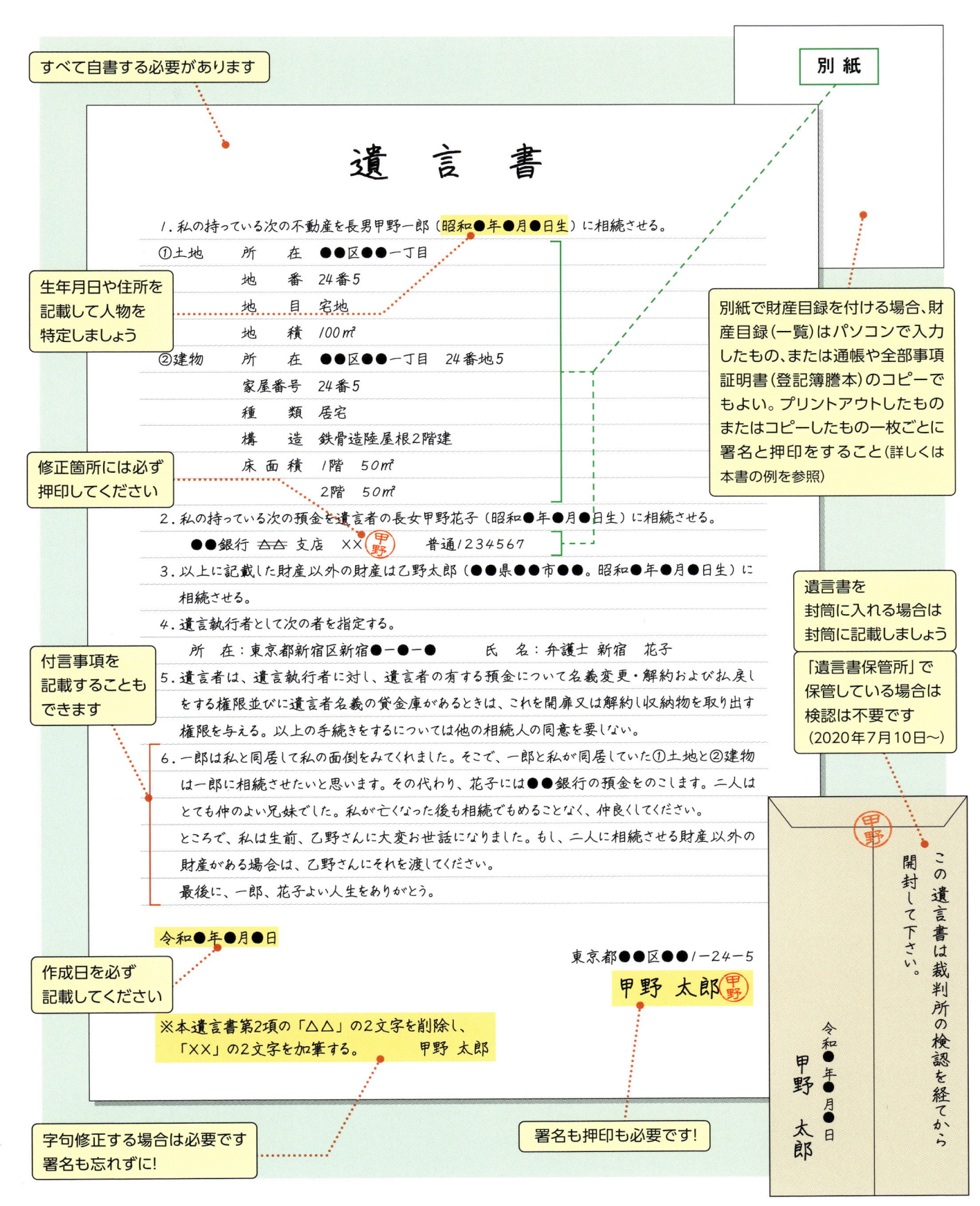

8 公正証書遺言

公正証書遺言は、遺言者が、公証人の面前で、遺言の内容を口授し、それに基づいて、公証人が、遺言者から遺言の内容を聴き取り、正確に文章にまとめて、公正証書として作成する遺言です。公正証書遺言は、法務大臣から任命を受けた公証人に作成してもらう点に大きな特徴があります。

公証役場で作成するのが通常ですが、病気などの事情により、公証人に出張してもらい作成してもらうこともできます。

自筆証書遺言と公正証書遺言および秘密証書遺言には、それぞれ下表の特徴があります。

ここでは、秘密証書遺言の内容は割愛しますが、下表にあるとおり、公正証書遺言は、自筆証書遺言に比べ、費用がかかります。しかし、方式不備で遺言が無効になるおそれがない点や、遺言がなくなったり、誰かに改ざんされないというメリットがあり、費用に十分見合った方式といえるでしょう。

公証人による公正証書の作成費用は、法令で定められており、遺言を公正証書で作成する場合も、相続人、受遺者の人数、相続財産の価格に応じて決定されます。

たとえば、相続財産が全部で1億円、相続人が2人おり、1人が6000万円分、もう1人が4000万円分の財産を相続するという場合、作成費用は8万円から9万円程度となります（公証人が出張した場合や、祭祀承継者の指定がある場合などに、加算されることがあります）。このほか、遺言の案文を弁護士などの専門家に依頼する場合には、別途案文作成料がかかります（この作成料も、相続財産の金額などにより、変わる場合が一般的です）。

これらの費用はケースにより変わりますが、事前に説明を受けることはできますので、しっかりと確認されるとよいと思います。

遺言書の種類

	自筆証書遺言	公正証書遺言	秘密証書遺言
作成方法	本人が本文・日付・氏名を自書	本人が口述し、公証人が記述する	本人が署名・押印した遺言書を封印し、公証役場で証明を受ける
署名・押印	本人のみ	本人・証人・公証人	本人・証人・公証人
証 人	不 要	2名以上	2名以上
保 管	本人または法務局※（または遺言執行者・受遺者等）	原本は公証役場、正本・謄本は本人（または遺言執行者・受遺者等）	本 人（または遺言執行者・受遺者等）
検認の要否	必 要※	不 要	必 要
遺言の存在	秘密にできる	証人・公証人には秘密にできない	証人・公証人には秘密にできない
遺言の内容	秘密にできる	証人・公証人には秘密にできない	秘密にできる
滅失の危険性	あ る	な い	あ る
改ざんの危険性	あ る	な い	ほとんどない
無効になる危険性	あ る	低 い	あ る
費 用	かからない	公証役場16,000円～（相続財産による）＋ 証人依頼費用	公証役場11,000円 ＋ 証人依頼費用

※法務局に預かってもらうこともできるようになりました（2020年7月10日施行）。その場合は検認が不要。

9 遺留分とは

遺言により、法定相続分に縛られずに相続財産を分けることができますが、限界もあります。

民法上、一定の相続人について、遺言があっても最低限受け取れる相続分を定めています。この最低限の相続分を遺留分といいます。

遺留分のある相続人は、配偶者、子（代襲相続人を含む）、直系尊属です。兄弟姉妹に遺留分はありません。

各相続人の遺留分は、①のように算出されます。

遺族例による遺留分は、②のとおりとなります（なお、「かっこ内の割合」が自らの法定相続分です）。

遺留分を侵害する遺言の効力

遺贈や贈与が特定の相続人の遺留分を侵害していたとしても、その遺言が無効になることはありません。

しかし、遺留分を有する者（遺留分権者）が、遺留分の侵害を主張し、遺留分に相当する金銭を支払うように請求すると（この請求のことを、「遺留分侵害額請求」といいます）、その部分に限り、遺言による遺贈や贈与が無効となってしまいます。

その結果、遺留分に関連し、争いが生じる場合も考えられます。

遺留分を意識した遺言とは？

遺留分を侵害しないように相続財産の配分を遺言で定めておくことが考えられます。

自らの希望をできる限り実現するためにも、遺留分に十分配慮して遺言を作成されると良いでしょう。

① 遺留分とは

相続人	遺留分
配偶者だけ	相続財産※の1/2
子だけ	相続財産の1/2 × 法定相続分 （子が複数の場合は遺留分を均等に割ります）
配偶者と子	相続財産の1/2 × 法定相続分 配偶者：相続財産の1/2 × 1/2 子　：相続財産の1/2 × 1/2 ＊子が複数の場合は均等に割ります
配偶者と直系尊属	相続財産の1/2 × 法定相続分 配偶者：相続財産の1/2 × 2/3 直系尊属：相続財産の1/2 × 1/3
直系尊属	相続財産の1/3 × 法定相続分

※資産等の積極財産（生前の贈与を含むこともあります）から、借金等の消極財産を控除した金額

② 遺留分の計算方法の例

〈相続人として妻と子3人がいる場合〉

妻	1/2 ×（1/2）＝ 1/4
子	1/2 ×（1/2 × 1/3）＝ 各1/12

〈相続人として妻と父母（直系尊属）がいる場合〉

妻	1/2 ×（2/3）＝ 1/3
父母	1/2 ×（1/3 × 1/2）＝ 各1/12

〈相続人として父母のみの場合〉

父母	1/3 ×（1/2）＝ 各1/6

相続税について

1 相続のスケジュール

ここまでで遺言書の書き方はご理解いただけたことでしょう。しかし、遺言書は税金のことも考えて作成しなければ、残された家族に思わぬ負担がかかることがあります。まずは相続の開始から相続税の申告までの流れを確認しましょう。

被相続人の死亡（相続の開始）

1ヶ月

死亡届の提出・通夜・葬儀・初七日法要

健康保険・公的年金の手続き

2ヶ月

四十九日法要

- 相続人の確認
- 特別代理人の選任
- 遺言の確認

3ヶ月

相続放棄または限定承認

4ヶ月

所得税（消費税）の準確定申告・納付

その年の1月1日から死亡した日までの被相続人の所得税（消費税）について行う確定申告。相続人が相続開始を知った日の翌日から4ヶ月以内に申告と納付を行う。

※被相続人の事業を継承する場合の届出・申請
①個人事業の開廃業届出書（被相続人の事業廃止、相続人の事業開始）
②給与支給事業者等の開設等届出書
③青色申告承認申請書
④青色事業専従者給与に関する届出書

相続放棄

自己のために相続の開始があったことを知った時から3ヶ月以内に家庭裁判所に申述する。相続放棄をすると初めから相続人とならなかったものとみなされ、相続財産も債務も引き継がない。

相続人ごとにできる

限定承認

相続人全員が取得した財産の範囲で被相続人の債務を負担する方法。相続放棄と同様、自己のために相続の開始があったことを知ったときから3ヶ月以内に家庭裁判所に申述する。

相続人全員で行うことが必要

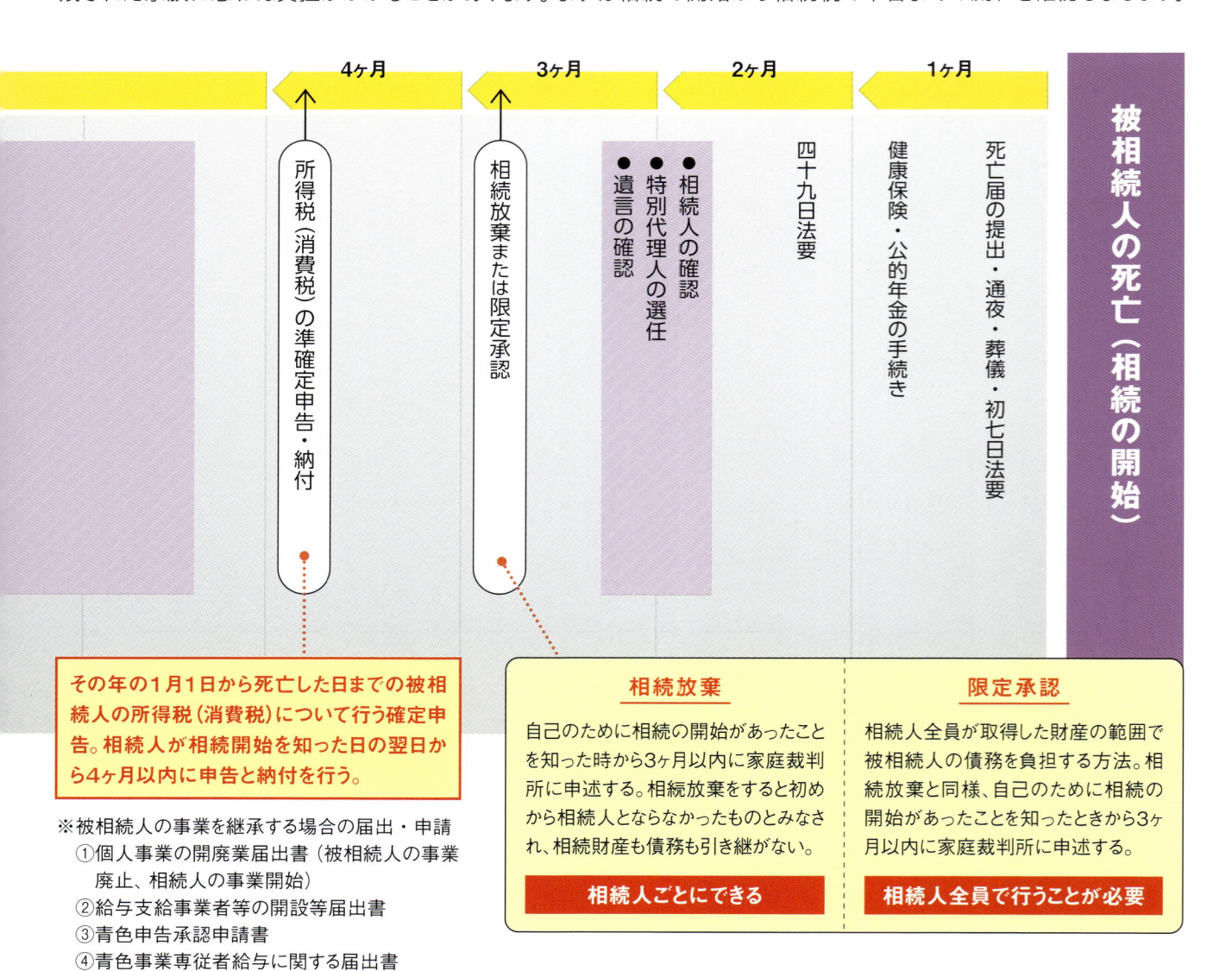

法定相続情報証明制度

亡くなられた方が不動産をお持ちの場合、相続に伴う登記の変更が必要になります。

ですが、最近は、登記の変更をしないまま放置されるケースが多くなり、空き家問題等の要因となっています。

そこで、相続登記を推進するため、平成29年5月29日から、各種手続きに利用できる「法定相続情報証明制度」が始まりました。

法定相続情報証明制度は、戸籍謄本などの必要書類と、相続関係を一覧にした図（法定相続情報一覧図）を法務局に提出すれば、法務局がこれを認証し、証明書を発行してくれる制度です。この証明書のことを法定相続情報証明書といい、この証明書があれば、戸籍謄本などを法務局に提出することなく登記手続きを行うことができます。なお、法定相続情報証明の申請も、証明書の発行も無料です。

法定相続情報証明書を利用する動きは、預貯金の解約手続きなどにも広がっています。亡くなられた方が多くの不動産や預貯金を有し、いくつも相続手続きを行わなければならない場合でも、この証明書を利用することにより、手続きが同時に進められ、手続きの時間を短縮することができます。

なお、この制度の手続きは、弁護士や税理士などの専門家に委任することができます。

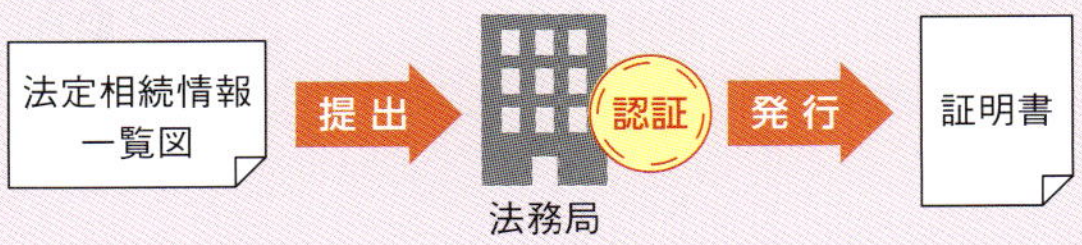

1年以内

10ヶ月

- 相続財産の調査
- 評価（鑑定）
- 遺産分割協議書の作成

相続税の申告・納付

遺留分侵害額請求

遺産の名義変更手続き

預貯金や土地建物などの名義変更手続き

※期限はありませんが、なるべく早く手続きをしましょう。

納税の準備

①金銭一括納付（原則）

②延納：相続税の額が10万円を超え、金銭で一括納付することが困難な場合など一定の要件を満たす場合に認められる。

③物納：延納によっても金銭で納付することが困難な場合など一定の要件を満たす場合に認められる。

相続税申告書の作成

課税価格の合計額※が基礎控除額（3,000万円＋600万円×法定相続人の数）を超える場合は、相続の開始があったことを知った日の翌日から10ヶ月以内に相続税の申告と納付をする。

※小規模宅地等の特例を受ける前の課税価額の計算額

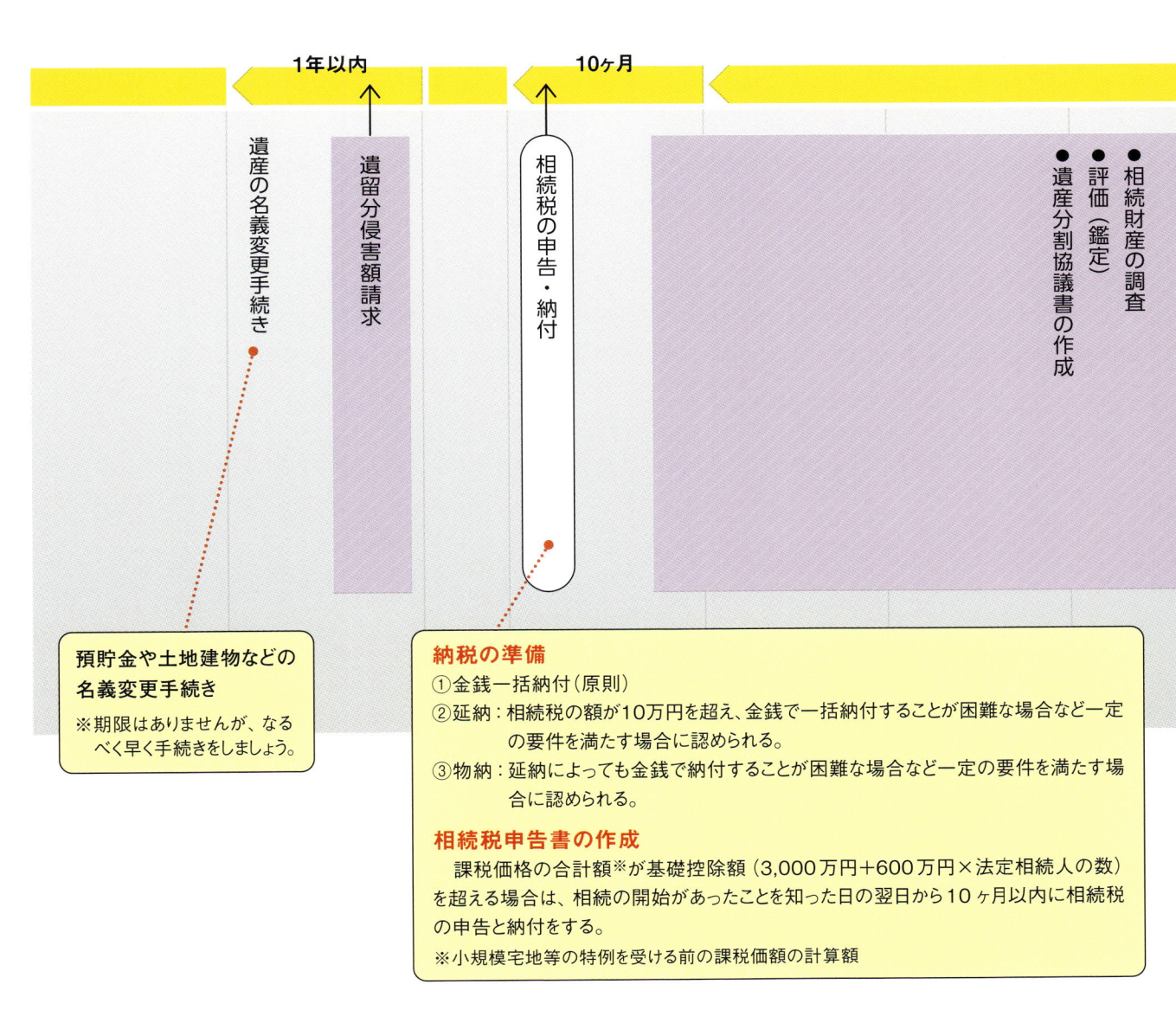

2 相続税の計算の仕方

■実際に相続税がどのように計算されるのかをみていきましょう。

各相続人の課税価格の計算

まず、相続人の取得した財産を各人ごとに計算します（これを「課税価格」と呼びます）。

課税財産 − 引き継いだ債務と葬儀費用＋3年以内の生前贈与財産 ＝ 課税価格（1,000円未満切捨て）

※課税財産＝本来の相続財産＋相続財産とみなす財産
- 本来の相続財産：現金、預貯金、株式、土地、建物、家財など
- 相続財産とみなす財産：生命保険金、死亡退職金のうち非課税限度額（注）を超える額

※相続時精算課税を選択していた場合は、その財産の価額を含みます
※非課税財産：墓所、霊びょう等、公益団体等への寄付など
（注）生命保険金・死亡退職金の非課税限度額：500万円 × 法定相続人の数

相続税の総額の計算

次に、全員の課税価格を合計します。その合計額を基に相続税の総額を計算します。

- 各相続人の課税価格を合計した額（❶）－基礎控除額（❷）＝課税される遺産の総額（❸）

※基礎控除額＝3,000万円 ＋ 600万円 × 法定相続人の数

- 課税される相続財産の総額を法定相続分に応じて各相続人に割り振ります。（❹）
- 各相続人に割り振った金額をそれぞれ相続税の速算表（下記）に当てはめて、相続税額を計算します。（❺）
- 各相続人の相続税額を合計して、相続税の総額を算出します。（❻）

各相続人が納付する相続税額の計算

最後に、相続税の総額を各相続人に割り振って、各相続人が納付する相続税額を計算します。

相続税の総額（❻）× 各人に対する割合（❼）− 各人の税額控除額 ＝ 各相続人の納付税額

※各人に対する割合＝各人の課税価格÷課税価格の合計額
※配偶者・子・父母以外の人が財産を相続したときは、相続税額にその2割を加算しなければなりません
※各人の税額控除：配偶者の税額軽減、未成年者控除、障害者控除、相次相続控除、3年以内の生前贈与財産が加算された場合で贈与税を払っていたときのその贈与税額の控除　など

相続税速算表

相続財産の取得金額	税率	控除額
1,000万円以下	10%	－
3,000万円以下	15%	50万円
5,000万円以下	20%	200万円
1億円以下	30%	700万円
2億円以下	40%	1,700万円
3億円以下	45%	2,700万円
6億円以下	50%	4,200万円
6億円超	55%	7,200万円

相続税の計算

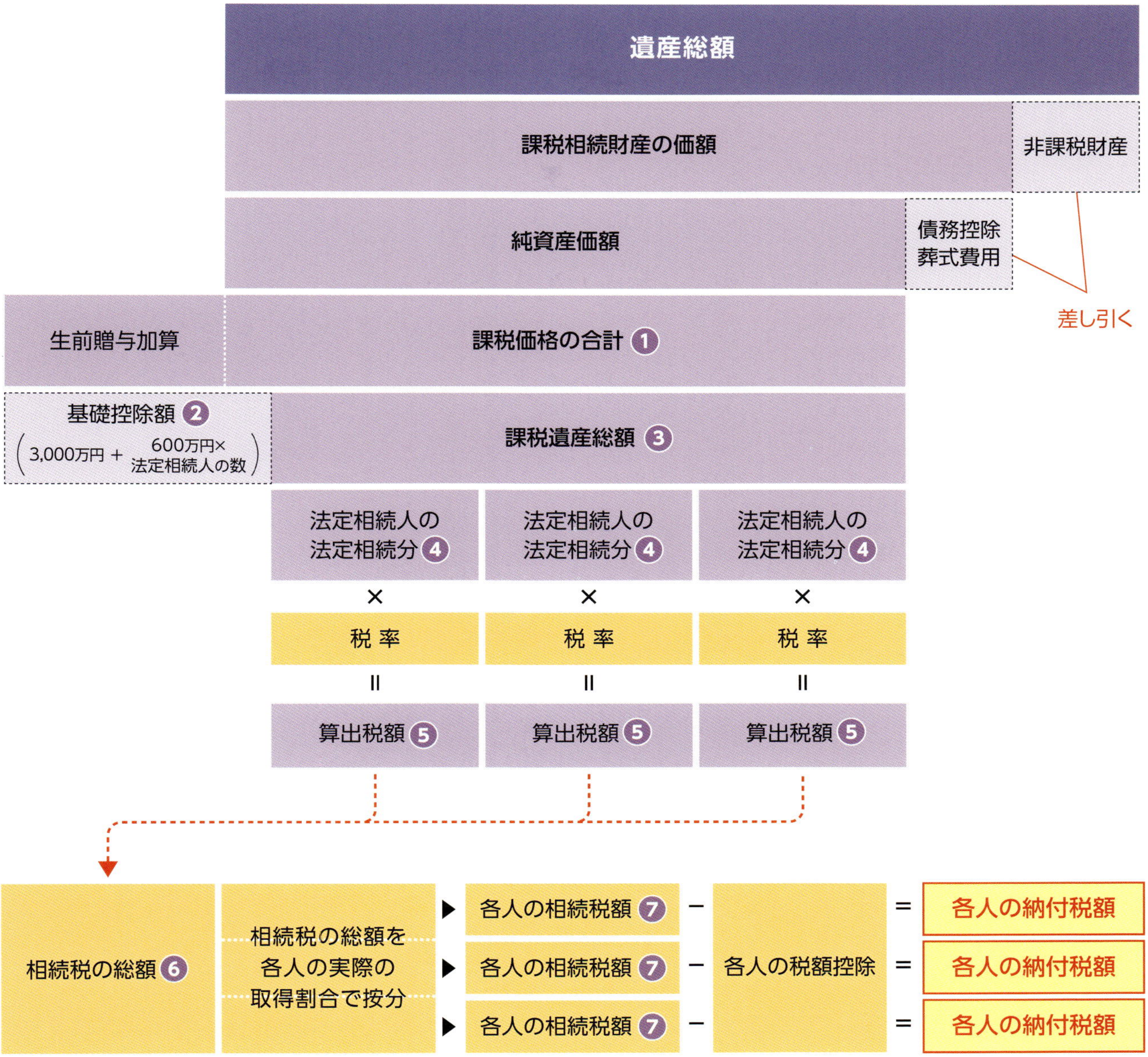

計算例 父が亡くなり、相続財産5,000万円を母と子ども（1人）が相続する場合

- 課税される相続財産の総額 ❶　5,000万円－4,200万円※1 ＝ 800万円❸
- 法定相続分での割振り❹　800万円× $\frac{1}{2}$ ＝ 400万円
- 各相続税額の計算　400万円×10%※2＝ 各40万円 ❺
- 相続税額の総額　40万円＋40万円＝ 80万円❻
- 相続税額の割振り（この場合は2分の1ずつ）　80万円× $\frac{1}{2}$ ＝ 40万円❼
- 母の相続税額　40万円－40万円※3 …… 0円
  子の相続税額 ………………………… 40万円

※1 基礎控除額 ❷
3,000万円＋600万円×2＝4,200万円
※2 速算表（P92）より
※3 配偶者の税額軽減（P94）より

3 相続税を軽減する特例

相続税を軽減できる特例があります。適用要件を確認して積極的に使っていきましょう。

配偶者の税額軽減

配偶者の税額軽減とは、被相続人の配偶者が遺産分割や遺贈により実際に取得した相続財産額が、次の①と②の金額のどちらか多い金額までは配偶者に相続税はかからないという制度です。

①1億6000万円

②配偶者の法定相続分相当額

たとえば、相続人が配偶者と子どもの場合、配偶者の法定相続分は2分の1となりますので、配偶者が相続財産全体の2分の1までの財産の取得であるならば納める相続税はゼロとなります。

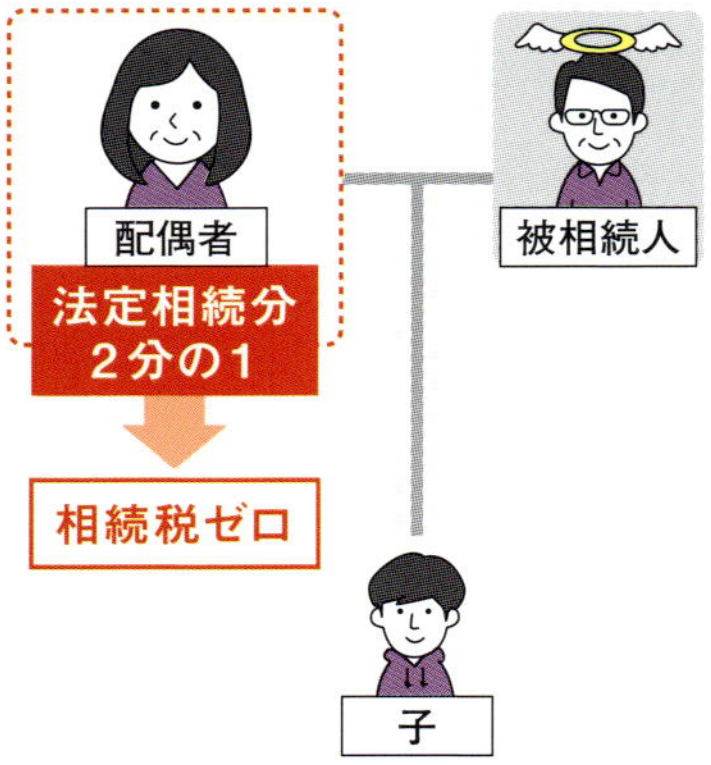

小規模宅地等の特例

被相続人の自宅や事業用の土地について、一定の割合を減額する制度です。

■自宅で同居していた人はもとより、同居していなくても、自宅を持っていない相続人ならば適用できる場合があります（下記適用要件参照）。

■自宅だけでなく、事業や事業用の土地を引き継いだ相続人などにも特例が適用できます。

■限度面積は自宅ならば330平方メートル（最大約100坪まで）、事業用の土地ならば200もしくは400平方メートル

■減額される割合は自宅ならば80%、事業用の土地ならば50もしくは80%

それぞれ条件次第で決まります。

【適用要件】

■配偶者…無条件で適用可

■同居親族…引き続き住み続け、保有していること

■非同居親族…下記の条件六つをすべて満たしていること

》特定居住用宅地等に係る小規模宅地等の特例の適用要件

取得者	適用要件
配偶者	無条件で適用可
同居親族	相続開始の直前から相続税の申告期限まで、引き続きその家屋に居住し、相続税の申告期限までその宅地等を保有していること。
非同居親族	1 相続開始の時において、被相続人または相続人が日本に住所を有していること。または、相続人が日本国籍を有していること。 2 被相続人に配偶者がいないこと。 3 相続開始の直前において、被相続人の居住の用に供されていた家屋に居住していた法定相続人がいないこと。 4 相続開始前3年以内に日本国内にある自己または自己の配偶者、自己の3親等内の親族または自己と特別の関係がある一定の法人が所有する家屋（被相続人の居住用の家屋を除く）に居住していたことがないこと。 5 相続開始時に居住していた家屋を過去に所有していたことがないこと。 6 その宅地等を相続税の申告期限まで保有していること。

条件が厳しくなった

〰〰 の部分は、2020年4月1日以後の相続または遺贈から適用されます。

遺言の相談はどこに?

いざ遺言を書こう！と思っても、初めてのことですので、不安もあるしわからないこともたくさんあると思います。そんなときは、専門家の門を叩いてみましょう。

弁護士に相談してみる

遺言は法律で決められているものですので、相続のことに詳しい弁護士に相談してみるのが一番手っ取り早いでしょう。

弁護士…というと敷居が高いような気がしますが、気軽に相談にのってもらえます。

もめごとがないと相談できないと思っている方もいらっしゃいますが、そんなことはありません。

それから、身内に連絡が取れない人がいるような場合や、家族関係が複雑で争族になりそうな場合は、まず弁護士に相談したほうが解決が早いケースが多いです。

相談料は30分5000円+消費税とする弁護士が多いようです。

税理士に相談してみる

相続税が発生すると思われる財産をお持ちの方なら、税理士に相談してみるのがおすすめです。遺言の書き方によって、(誰がなにを相続するかで)、税額が変わってくることがあるからです。相続に詳しい税理士は弁護士とも連携していますので、安心です。

平成27年から税制改正がなされ、基礎控除が引き下げられたことによって、相続税がかかるようになったケースが増えています。特に三大都市圏では増加が著しいので、都市圏に不動産などの財産がある方は税理士に一度相談してみたほうがよいでしょう。

司法書士・行政書士に相談してみる

司法書士は登記の際にお世話になります。遺産分割協議書の作成等もしてくれます。行政書士は、相続手続きを代行するサービスをしています。

銀行に相談してみる

長年お付き合いのある銀行なら行きやすいという方は銀行でも相続の相談に乗ってくれます。専門の窓口があったり、信託の相談にのってくれたりもします。

ただし、銀行の貸金庫に遺言書を入れることのないようにしてください。遺産分割が終わるまで銀行から出せないので、せっかく遺言を書いても、それが見つけられないまま、遺産分割されてしまいます。

保険会社に相談してみる

保険会社は、相続対策の商品もたくさん扱っています。不動産が分けられない代わりに保険金で財産を等分に分けるなど、保険を活用した遺言についても相談にのってくれます。

その他

地域の相談窓口も活用してみましょう。

自治体・役所には相続の相談窓口があるところが多いです。

相続関連の一般社団法人やNPOもあります。これらには士業の専門家が加わっていることが多いのですが、内容をよく見て検討しましょう。

「失敗しない遺言とお墓のはなし」
特設サイトのご案内

こちらの
QRコードから！

特設サイトでは「失敗しない遺言とお墓のはなし」電子書籍版の閲覧や書籍内で紹介されている遺言書の見本や財産チェックリストなどがダウンロードができます。

※電子書籍の閲覧は11月開始予定です。
※電子書籍の閲覧には下記のシリアルコードが必要です。
「失敗しない遺言とお墓のはなし」シリアルコード：32a4cae7

https://www.zeiken.co.jp/lp/souzoku/

失敗しない遺言とお墓のはなし

令和元年10月15日　初版第1刷印刷
令和元年10月30日　初版第1刷発行

監修者　弁護士　楠部 亮太（なんぶ りょうた）
弁護士　中川 紗希（なかがわ さき）
税理士　平田 久美子（ひらた くみこ）
取材協力　ファイナンシャルプランナー　畠中 雅子（はたなか まさこ）
編集協力　江口 陽子（えぐち ようこ）
デザイン　新岡 麻美子（にいおか まみこ）［本文］
株式会社 カラーズ［表紙］
イラスト・マンガ　新岡 麻美子（にいおか まみこ）
発行所　税務研究会出版局
週刊「税務通信」「経営財務」発行所
代表者　山根　毅
〒100-0005 東京都千代田区丸の内1-8-2 鉄鋼ビルディング
振替00160-3-76223
電話［書籍編集］03(6777)3463
［書店専用］03(6777)3466
［書籍注文］03(6777)3450（お客さまサービスセンター）
〈各事業所　電話番号一覧〉
北海道 011(221)8348　東　北 022(222)3858
関　信 048(647)5544　神奈川 045(263)2822
中　部 052(261)0381　関　西 06(6943)2251
中　国 082(243)3720　九　州 092(721)0644
〈当社ホームページ　https://www.zeiken.co.jp〉

乱丁・落丁の場合は、お取替え致します。　印刷・製本　三松堂印刷株式会社
ISBN978-4-7931-2454-9